e Revolution,
itschrift in zwanglosen Heften.
Herausgegeben von
J. Weydemeyer.
Erstes Heft.
e Brumaire des Louis Napoleon
von
Karl Marx.

ESTADO E POLÍTICA EM MARX

Die Revolution,
ine Zeitschrift in zwanglosen Heften.
Herausgegeben von
J. Weydemeyer.
Erstes Heft.
Der 18te Brumaire des Louis Napoleon
von
Karl Marx.

Emir Sader

Estado e política em Marx

Coordenação editorial
Ivana Jinkings

Editora-adjunta
Bibiana Leme

Assistência editorial
Thaisa Burani

Preparação de texto
Flávia Franchini

Revisão
Luciana Lima

Capa
Antonio Kehl
sobre projeto original de Andrei Polessi

Diagramação
Crayon Editorial

Produção gráfica
Livia Campos

CIP-BRASIL. CATALOGAÇÃO NA PUBLICAÇÃO
SINDICATO NACIONAL DOS EDITORES DE LIVROS, RJ

S129e
Sader, Emir, 1943-
Estado e política em Marx / Emir Sader. - 1. ed. rev. - São Paulo : Boitempo, 2014.

ISBN 978-85-7559-375-2

1. Marx, Karl, 1818-1883. 2. Filosofia marxista. 3. Ciência política. I. Título.

14-11300 CDD: 320.532
CDU: 321.74

Este livro atende às normas do acordo ortográfico em vigor desde janeiro de 2009.

1ª edição revisada: maio de 2014; 1ª reimpressão: dezembro de 2015

BOITEMPO EDITORIAL
Jinkings Editores Associados Ltda.
Rua Pereira Leite, 373
05442-000 São Paulo SP
Tel./fax: (11) 3875-7250 / 3875-7285
editor@boitempoeditorial.com.br | www.boitempoeditorial.com.br
www.blogdaboitempo.com.br | www.facebook.com/boitempo
www.twitter.com/editoraboitempo | www.youtube.com/tvboitempo

SUMÁRIO

APRESENTAÇÃO DA PRIMEIRA EDIÇÃO

A segunda metade do século XX tem como uma de suas principais características a extensão das democracias políticas. Esse processo acelerou a atualidade de um enigma que percorre todo o século: como os poderes políticos continuaram a ser monopolizados por elites econômicas e sociais, apesar da democratização?

Esse problema estava inscrito já nos últimos textos de Engels, que chegou a conviver com o fenômeno, mas sua atitude positiva diante dele não foi confirmada pelos acontecimentos posteriores, entre os quais se incluem a consolidação da social-democracia no capitalismo e da burocracia no socialismo real.

O trabalho agora republicado foi escrito como dissertação de mestrado nos densos anos 1960. A redação foi feita durante o curso de pós-graduação em filosofia, em 1966-1968, e a defesa foi realizada em pleno 1968, com a Faculdade de Filosofia tomada pelos alunos, em guerra deflagrada contra o Mackenzie e servindo de retaguarda para a greve dos operários de Osasco, a tal ponto que os vidros da sala da Congregação da rua Maria Antônia tiveram de ser rompidos à força para que a sessão de defesa do trabalho fosse possível.

A dissertação foi orientada pelo professor Ruy Fausto, teve na banca os professores Bento Prado Jr. e José Arthur Gianotti, e se constituiu na primeira tese sobre Marx naquele departamento. Sua publicação era impossível mesmo antes da decretação do AI-5, por conta do clima político da época.

Quando retornei ao Brasil, em 1983, fui surpreendido pelo fato de que minha dissertação era consultada e incluída em cursos de pós-graduação, apesar da única cópia, em papel de seda, existente na biblioteca da Faculdade, o que me incentivou – apoiado na solidariedade e no rigor das observações de Heloísa Fernandes – a relê-la e a me decidir pela sua primeira publicação, quinze anos depois. Nessas condições, só me dediquei a complementar as notas e fazer atualizações de estilo, sem ousar tocar no texto original. Não se trata de uma homenagem àquela juventude, mas de um reconhecimento de que o texto tem coerência e méritos para se candidatar à atualidade.

São Paulo, 1983

APRESENTAÇÃO, 46 ANOS DEPOIS

Quando escolhi cursar filosofia na Universidade de São Paulo, estava impactado pelos três anos de estudos filosóficos no curso clássico noturno do Colégio Estadual e Escola Normal Brasílio Machado, situado na Vila Mariana, na capital paulista. Porém, mais especificamente pela leitura da primeira parte de *A ideologia alemã*, do Marx. (Naquela época, e até bem pouco tempo, só havia edições da primeira parte do livro, a que se refere a Feuerbach. A edição integral da obra foi publicada pela Boitempo Editorial em 2007.)

Essa leitura me abriu o horizonte de toda a dimensão do pensamento marxista e, de certo, foi a que mais me ajudou a entender o mundo e as possibilidades de transformá-lo revolucionariamente. Foi, por fim, a obra que consolidou minha decisão de fazer o curso de filosofia – e não os de ciências sociais ou de psicologia.

Aquele jovem que concluiu o curso noturno de filosofia na USP completava 25 anos quando defendeu sua dissertação de mestrado. Era professor do Departamento de Filosofia da USP e militava politicamente na clandestina Organização Revolucionária Marxista Política Operária (Polop) e havia realizado a dissertação em meio a grandes mobilizações contra a ditadura – desde passeatas estudantis até as greves de Osasco e Contagem.

A releitura deste texto hoje me permite ter um sentimento de orgulho da capacidade de combinar a elaboração teórica com a militância politica e o trabalho profissional, em um tempo tão denso como aquele. Confesso, imodestamente, considerá-lo um bom texto, daí que eu me permita republicá-lo mais uma vez, 46 anos depois, e submetê-lo aos leitores.

São Paulo, abril de 2014

INTRODUÇÃO

I

O pensamento político de Marx tem sido vítima de algumas ambiguidades que o atingem mais facilmente do que à economia marxista. A ruptura que esta representa em relação à economia política clássica não só foi expressamente analisada por Marx, como é o ponto de partida da distância que toda a teoria marxista se determina diante das outras teorias. Seu fulcro se constitui através da crítica e da incorporação dos elementos com que trabalhava a economia política, de forma que o caráter desse rompimento, e sua distância precisa, fazem parte praticamente indissolúvel do caminho que leva à compreensão do marxismo. E toda a obra teórica de Marx está penetrada por essas anotações: da *Miséria da filosofia* a *O capital*, de *A ideologia alemã* à *Crítica da economia política*; e nela caminham paralelamente o desvendamento do capital – objeto central do desenvolvimento do mundo moderno – e a crítica da economia política – formas de consciência insuficientes em relação a esse objeto*.

Nessas obras, Marx aborda tanto o conceito geral do modo de produção como uma de suas formas particulares de ocorrência – o modo de produção capitalista –, isto é, conceitos teóricos que têm como um dos seus polos de referência obrigatória as concepções anteriores dentro da economia política. As passagens históricas introduzem-se a título de "exemplos" nessas obras, de "ilustrações", e não com a responsabilidade de demonstração daqueles

---

* Ver Karl Marx, *Miséria da filosofia* (São Paulo, Expressão Popular, 2009), e *O capital*, Livro I (São Paulo, Boitempo, 2013) e Livros II e III (Rio de Janeiro, Civilização Brasileira, 2008); Karl Marx e Friedrich Engels, *A ideologia alemã* (São Paulo, Boitempo, 2007). (N. E.)

conceitos, ao passo que as referências a Ricardo, Say, Smith ou Proudhon são parte integrante dessas demonstrações, porque é a partir de tais descobertas que Marx se compromete a justificar teoricamente como e por que essas formulações pararam a meio caminho de sua compreensão científica. O tema da ruptura em relação à economia clássica surge, então, reiteradas vezes ao longo daquelas obras, diminuindo o espaço pelo qual poderiam retornar formas ideológicas de pensar essas relações.

As análises políticas de Marx visam imediatamente a outro nível de preocupação: estão voltadas para as formas de existência que os modos de produção adquirem em situações históricas. Seu objetivo é muito mais particular do que o conceito de modo de produção específico. Visam à ocorrência de uma conjunção concreta de modos de produção – sempre hierarquizados – em uma formação social determinada: França de 1848 a 1851 e França de 1871. Seus esquemas de referência são, de um lado, o conceito dos modos de produção que se conjugam de uma forma particular, as formas de transição entre eles, o caráter da hierarquização que definem entre si etc. e, de outro, as formas ideológicas específicas da política, com seus valores jurídicos de *liberdade*, *igualdade* etc. As noções teóricas não são o objeto imediato da análise; em *O 18 de brumário de Luís Bonaparte*, a focalização do bonapartismo não inclui a especificação dos fundamentos teóricos do caráter de classe do Estado, sua forma particular dentro do capitalismo, o nível de realidade que representa etc., ainda que ela se sustente nessas noções. A sistematização dos conceitos teóricos que explicam a generalidade dessas ocorrências políticas – existente em germe no *Manifesto Comunista*, e esboçada posteriormente por Lenin em *O Estado e a revolução* – ficou por fazer. As urgências práticas, que levaram as análises políticas concretas a se desenvolverem dentro do marxismo, foram insuficientes para chegar à necessidade dessa construção teórica. Com isso, as relações de Marx com as formas teóricas de abordagem política de seus predecessores restaram praticamente intocadas, possibilitando a retomada, já em nome do marxismo, de problemáticas superadas por Marx*.

* Ver Karl Marx, *O 18 de brumário de Luís Bonaparte* (São Paulo, Boitempo, 2011); Karl Marx e Friedrich Engels, *Manifesto Comunista* (São Paulo, Boitempo, 1998); e Vladimir Lenin, *O Estado e a revolução* (São Paulo, Expressão Popular, 2007). (N. E.)

II

Afora o aspecto das referências explícitas ou não na obra de Marx, uma dificuldade maior se põe a partir daí: aquela que afeta o objeto dessas obras. Não sendo precedidas por um esclarecimento sobre o nível de análise em que se colocam – à exceção dos prefácios e introdução de *O capital* –, possibilitam a confusão a respeito do seu nível de objetividade. Quando tomamos duas obras como *O capital* e *O 18 de brumário* e nos detemos no papel que se reserva nelas ao Estado, percebemos como aquela diferenciação torna-se indispensável. Na introdução *à Crítica da economia política*, encontramos "o plano a adotar", exposto por Marx, "para o estudo da economia política":

> 1) as determinações universais abstratas, que, por essa razão, correspondem mais ou menos a todas as formas de sociedade [...] 2) as categorias que constituem a articulação interna da sociedade burguesa e sobre as quais se baseiam as classes fundamentais. Capital, trabalho assalariado, propriedade fundiária. As suas relações recíprocas. Cidade e campo. As três grandes classes sociais. A troca entre elas. Circulação. Sistema de crédito (privado). 3) Síntese da sociedade burguesa na forma do Estado. Considerada em relação a si mesma. As classes "improdutivas". Impostos. Dívida pública. Crédito público. A população. As colônias. Emigração.[1]

Para o esquema de *O capital*, que visa centralmente à compreensão das "categorias que constituem a articulação interna da sociedade burguesa", a abstração das formas históricas de existência da sociedade capitalista, em que esse modo de produção aparece sempre mesclado de sobrevivência de outras formações sociais, conduz a uma função distinta do Estado. Na análise dessa "articulação interna", o papel do Estado não é essencial, uma vez que sua função remonta à gênese daquela estrutura, à fase da ascensão e instauração do capitalismo, da qual a centralização política em torno do Estado é uma das condições. O caráter dessa abordagem transparece mais claramente na distinção subjacente, explicitada por Marx nos *Grundrisse*:

---

[1] Karl Marx, *Grundrisse: manuscritos econômicos de 1857-1858 – Esboços da crítica da economia política* (São Paulo/Rio de Janeiro, Boitempo/Editora Uerj, 2011), p. 61.

> As condições e os pressupostos do *devir*, da *gênese* do capital, supõem precisamente que ele ainda não é, mas só *devém*; logo, desaparecem com o capital efetivo, com o próprio capital que, partindo de sua efetividade, põe as condições de sua efetivação. [...] Se, por conseguinte, os pressupostos do devir do dinheiro em capital aparecem como *pressupostos* externos dados para a gênese do capital –, da mesma forma o capital enquanto tal, tão logo é posto, cria seus próprios pressupostos [...].[2]

O capital detém-se sobre o mecanismo de criação desses pressupostos, considerando o Estado apenas na qualidade de condição do *devir* do capitalismo que, uma vez dada, abre campo para o próprio capital colocar "as condições de sua efetivação". Dentre essas, não se situa o Estado porque, uma vez produzida a centralização da estrutura social, o modo de produção capitalista encarrega-se ele mesmo de reproduzir essa unificação através da criação contínua de um mercado mundial único, e cada vez mais extenso. Posto em funcionamento esse mecanismo, o requisito da unificação social é reassumido pelas próprias relações de produção capitalistas. Quando a análise recai sobre esse nível, é justificável, portanto, que o papel do Estado seja postergado, já que seu interesse se relaciona com a "síntese da sociedade burguesa" que ele encarna. Enquanto essa "síntese" é reproduzida e acentuada pelas relações de produção, ao Estado compete a *representação* desse processo, a reprodução de sua "forma". Vale dizer: *quando todas as condições de gênese do capital são dadas* – como supõe Marx em *O capital* – *as relações econômicas ganham autonomia, dispensando a intervenção de mecanismos políticos de apropriação e reprodução*[3]. A uma estrutura social dessa ordem, como veremos mais adiante, é que corresponde a ideologia do *laissez-faire*, em que o Estado pode dispensar sua intervenção direta porque o mecanismo social é autorreprodutor.

Em uma obra histórica como *O 18 de brumário de Luís Bonaparte*, a forma de encarar a política e o Estado se dá em outro contexto: a França de meados do século passado – como de resto qualquer conjuntura concreta – é um produto da conjunção do modo de produção capitalista – já hegemônico –, permeado de "sobrevivências" pré-capitalistas, que deforma o quadro de funcionamento do sistema construído em *O capital*. Este, além de pressupor *todas* as

---

[2] Ibidem, p. 377-8.

[3] Vale notar que as passagens com referência histórica e política direta em *O capital*, tais como a "acumulação primitiva" e as relações históricas entre indústria e comércio, abordam as condições da gênese do sistema, e não sua estrutura interna.

suas condições de gênese, ainda solicita a ausência de obstáculos à expansão do mercado – tanto de investimentos quanto de consumo – paralela à necessidade de multiplicação da produção. O plano histórico não reproduzindo esses requisitos, o capital não se põe ainda em condições de reproduzir ele mesmo "as condições de sua efetivação", deixando espaço para a inserção das formas políticas que supram suas lacunas. E o peso dessas formas estará em relação direta com a posição dos requisitos para que as relações de produção se autorregenerem. Em *O 18 de brumário* é a força insuficiente do capital industrial que possibilita a *distorção* do desenvolvimento capitalista francês, representado principalmente pelo predomínio da aristocracia financeira antes de 1848, e pelo fato de a massa da população ser composta por pequenos proprietários rurais. O apelo ao governo bonapartista só pode ser compreendido a partir das raízes que possui nessa insuficiência do processo capitalista francês. O maior ou menor grau de preenchimento dos requisitos de instauração do sistema determina a autonomia que seu funcionamento possui diante das condições que o geraram; daí a função dos mecanismos políticos, incluindo-se o Estado.

Uma classificação das formas de Estado no mundo moderno teria de partir necessariamente de uma análise das condições de transição de um modo de produção a outro; o Estado liberal correspondendo a uma autodeterminação completa do capitalismo, que dispensaria intervenções externas ao mecanismo econômico; o Estado nos países subdesenvolvidos, cuja força é correlata à incapacidade de acumulação de capital pela burguesia desses países; o Estado bonapartista, o Estado militarista etc. Quanto mais inexistentes as condições de acumulação primitiva em um país, maior será a indistinção entre esse período e o da reprodução autônoma de capital, inscrevendo mais a fundo as intervenções estatais e as crises políticas na sua história.

As condições de existência da política são assim determinadas no cruzamento das condições de instalação de um modo de produção e pelas formas de reprodução que essas condições possibilitaram. Indispensável se torna, então, o desenvolvimento teórico do conceito de *relações de produção*, que nos possibilite particularmente a compreensão da instância reservada ao político dentro da forma capitalista de organizar a produção. A ausência de uma teoria política marxista, que se iniciasse por essa compreensão, abre campo tanto para a desvinculação de um nível de análise de outro como do seu oposto imediato: a interpretação mecânica da passagem do modo de produção à política. É essa teoria política que tem condições de promover a mediação entre a análise de um modo de produção determinado e as formas de existência política que ganham a cada momento, e em cada região do sistema. Somente isso poderia efetivamente capacitar o marxismo a desempenhar o projeto da introdução aos *Grundrisse*: o desmascaramento de noções "falsamente concretas" como *nação*, *povo*, *governo* etc., determinando a exata concreção dessas "aparências" em cada caso concreto.

As observações de Marx possibilitam-nos, entretanto, adiantar alguns pontos de referência iniciais:

a. não existe um objeto propriamente político ao longo da história; os modos de produção, reorganizando as relações de produção conforme suas necessidades, são, em cada nível, redefinidos em seu lugar e função; daí a análise ter de se voltar para *a instância do político em cada modo de produção*;
b. essa análise pode se voltar para as condições teóricas de funcionamento de um modo de produção – como *O capital* estipula para o modo de produção capitalista – e buscar aí o lugar reservado às relações políticas;
c. ela pode, ao invés, focalizar, no funcionamento histórico das formas sociais – conforme seu grau de desenvolvimento, sua integração de sistemas de produção distintos etc. – , a eficácia que ganha o político;
d. o capitalismo é um marco definidor nessa pesquisa não somente porque é "a mais desenvolvida e diversificada organização histórica da produção", mas porque pretende em seu funcionamento promover a *imanência total da vida econômica*, o que o caracteriza como "forma natural e a história de vida em sociedade".

III

Construir o conceito teórico adequado que dê conta da política significa a *determinação precisa de seu objeto dentro dos diversos modos de produção e o acerto de contas concomitante com a teoria política clássica*. Essas tarefas apenas lateralmente detiveram a preocupação dos estudos marxistas; praticamente apenas Gramsci, Della Volpe e seus discípulos aplicaram-se ao tema. Entretanto, tanto as reflexões daquele sobre *O príncipe* e a teoria do Partido Revolucionário como as deste em *Rousseau e Marx*[4] apenas tentaram aproximações entre a teoria política marxista e a filosofia política clássica, sem a determinação teórica prévia dos campos dis-

---

[4] Galvano Della Volpe, *Rousseau e Marx* (Lisboa, Edições 70, 1982).

tintos em que se situam tais teorias. O caráter parcial desses empreendimentos tornou-se-lhes fatal: sem ir às raízes da ruptura do marxismo diante dessas concepções, sem arrolar todas as consequências da "novidade radical" do marxismo, as semelhanças e as diferenças constatadas não possuem elementos para se justificar. Esse projeto – como voltaremos a abordar mais adiante – não questiona as diferenças de objeto que dão nascimento aos métodos distintos e, finalmente, a teorias diversas, tendo, portanto, que se limitar à *constatação*, à *descrição* das conclusões que aproximam ou distanciam Marx dos filósofos políticos clássicos.

Criticar a filosofia política clássica não significa simplesmente aprofundar-se em sua problemática para demonstrar a insuficiência de seus métodos. *Trata-se de questionar o seu próprio objeto*, retomando, a partir daí, seu campo real e a problemática que lhe deve corresponder. *A crítica da filosofia política tem seu fundamento, então, na constituição do objeto da política.* Contrariamente ao procedimento das vulgarizações dentro do marxismo, que reduzem essa ruptura às diferenças do método, a questão da continuidade ou não de objeto e de problemática é que possui papel central.

O estatuto do objeto do político é a chave da compreensão para determinar o caráter preciso dessa ruptura. Compreender o lugar do político é determinar sua *independência relativa* em uma estrutura de produção, o tipo de dependência/autonomia que mantém com a totalidade das relações de um modo de produção. Contudo, para além da mera constatação, o que importa é a determinação do fundamento das diferenças de ritmo e de autonomia desse nível em relação aos demais. Da mesma forma que o tempo da economia se constitui paralelamente ao papel particular que a produção desempenha em cada uma de suas formas, o político terá seu ritmo definido conforme as relações que entretenha com os momentos da produção – circulação, distribuição, consumo – em cada modo de produção.

O roteiro da presente análise tem, assim, na *compreensão das raízes do político como nível* – particularmente dentro das relações de produção capitalistas – *seu eixo*, que propicia a passagem das análises políticas concretas de Marx à explicitação, ainda que inicial, das críticas que dirige à filosofia política, marcando diante desta a novidade do marxismo. Seus momentos essenciais são:

a. análise do Estado nas obras políticas de Marx; compreensão da distinção do papel que desempenha na passagem da ascensão à hegemonia burguesa; o bonapartismo – limite máximo da autonomia estatal – só é possibilitado porque Estado e poder deixam de coincidir;

b. busca dos fundamentos dessa transformação que altera o Estado e todo o político como nível da estrutura social; delimitação do campo e definição dos fundamentos da política como instância (seu grau e sua forma de dependência e autonomia) dentro da estrutura capitalista;
c. determinação, a partir da ruptura do objeto, da distância que as análises políticas marxistas têm em relação à filosofia política clássica; desenvolvimento inicial das críticas que Marx endereçaria a ela, de forma similar ao que faz com a economia política.

Procuraremos demonstrar como o político encontra seu lugar no cruzamento entre a ordem cronológica e a conexão orgânica que determina uma estrutura social, advindo daí sua ambiguidade e as modificações bruscas de seu papel e de sua ideologia. Isto nos obriga a análises em planos teóricos distintos, tais como a análise de uma formação social determinada – como a que é feita na primeira parte – e a compreensão buscada na parte seguinte, cujo objeto são alguns aspectos da teoria da passagem de um modo de produção a outro. O encontro e a tensão dessas perspectivas distintas parecem esconder os segredos teóricos mais importantes do político.

A relevância do tema para a compreensão do sentido de uma teoria política marxista e para o aprofundamento de suas próprias análises concretas nos faz acreditar na necessidade de colocar tais problemas em debate, ainda que sob a forma simplificada de um esquema, e ao risco de uma abordagem insuficiente. A pesquisa sobre as bases teóricas que pretende o marxismo encontra-se ainda em seus primórdios, a tal ponto que mesmo uma primeira aproximação do tema tem um papel a desempenhar: ajudar a substituir o caráter institucional e moralizante que sempre assumiram as teorizações políticas pela problemática verdadeira que Marx reservou à política. Esperamos igualmente ajudar a ampliar a extensão da "teoria revolucionária", indispensável à "prática" correspondente, implicitamente, uma conceituação teórica sobre o lugar do político no interior das relações de produção[5]. Somente a mediação das condições teóricas de cada conjuntura política pode propiciar um aproveitamento das experiências concretas e um enriquecimento do acervo prático do marxismo. O primeiro passo vai da determinação do objeto real da política à crítica de sua ideologia.

---

[5] O que tem se tornado evidente, dentro do marxismo, apenas nos chamados "desvios" – como o "mecanicismo", o "voluntarismo", o "economicismo" etc. –, porém que acompanha (de forma adequada ou não) todas as análises políticas concretas.

AS RAÍZES DO POLÍTICO

Introdução

Quando Marx se preocupou com uma periodização da história conforme os modos de produção – isto é, desde *A ideologia alemã* –, marcou sua ruptura com todas as formas de historicismo, porque cada maneira de combinação entre os trabalhadores diretos e os meios de produção configura uma nova forma de organização social, que, por sua vez, instaura novas categorias e articulações na história dos homens. A relação entre proprietários dos meios de produção e produtores estende-se por toda a estrutura social, atribuindo aos conceitos novas determinações: desde os de *proprietário*, *produção*, *trabalhador*, até os de *sociedade*, *política*, *economia*.

As diferentes combinações possíveis entre a *força de trabalho* e os *meios de produção* são a fonte última de onde surgem as categorias históricas que mais imediatamente compõem as relações sociais: senhor feudal, servo da gleba, escravo, capitalista, operário, todas são noções traduzíveis na linguagem das relações entre aqueles elementos. As análises históricas encontram assim seu objetivo, seu material, nas categorias geradas pelas relações de produção. Sua forma de respeitar a distinção entre os modos de produção é focalizar os indivíduos nas suas exatas determinações sociais, não tomando o escravo por servo da gleba, ou o artesão por operário. Pelo fato de se deparar com formas combinadas de modos de produção, esse respeito é o único critério pelo qual se pode distinguir até que momento vale uma denominação, qual sua extensão temporal e conceitual. As formas de combinação dos modos de produção impedem que essa determinação se possa fazer *a priori*, já que, embora sempre um desses modos seja predominante, seu grau de desenvolvimento implica diferenças nas categorias que produz.

Em uma economia colonial, por exemplo, o fato de ele existir em função da produção para o mercado externo não é suficiente para substituir necessariamente as relações feudais no setor da economia de subsistência. O caráter predominante da produção para o mercado é o ponto de referência mais geral; seu grau de desenvolvimento será o responsável pela precisão a respeito das condições de relação social entre os indivíduos no interior dessa estrutura social particular que é o mundo colonial.

As análises políticas de Marx não se iniciam por diferenciações sobre o modo de produção vigente, mas elas se fazem sempre sob seu pano de fundo. O centro de referência da vida política na França, Alemanha ou Inglaterra é o caráter que a *revolução burguesa* ganhou em cada um desses países: o atraso ou avanço da revolução, as condições de desenvolvimento do processo de transformações a que a burguesia se propôs. E a revolução burguesa é uma síntese das condições de instauração e desenvolvimento do modo de produção capitalista, com todos os diferentes aspectos que o acompanham. É um conceito que integra todas as condições – empíricas ou estruturais – que o capitalismo enfrenta, e que, portanto, nasce da distinção do modo de produção burguês, para só então introduzir suas formas de transição.

As condições de instalação do modo de produção capitalista serão mais ou menos atendidas conforme o momento e o lugar na estrutura social geral em que se dê. Seu total atendimento – como pressupõe *O capital* – ou a sobrevivência de formas pré-capitalistas gerarão condições distintas de reprodução do sistema. Em um país onde as relações capitalistas tenham se imposto com total hegemonia, as condições da apropriação serão eminentemente econômicas, reservando papel secundário à política, pelo menos até que o próprio desenvolvimento daquelas relações gere suas crises posteriores. Nos países subdesenvolvidos e coloniais, por outro lado, onde a incapacidade de criação das condições de acumulação primitiva é um problema estrutural, as diferentes formas de intervenção da política, quer através do Estado – elemento indispensável nos mecanismos de reprodução desses países –, quer através da política imperialista em geral, têm papel central.

As formas políticas, jurídicas e ideológicas são, portanto, solicitadas a se inserir no vazio que se abre nas condições capitalistas de reprodução, tirando, da maior ou menor extensão desse espaço, sua força. Mas isso vale também para as diferenças entre o papel que tais condições desempenham nos vários modos de produção, pois, uma vez que cada um deles se funda em formas distintas de articulação entre os meios de produção e a força de trabalho, as relações jurídicas solicitadas precisam ser diversas. Sua integração a cada modo de produção é possibilitada pela combinação dos elementos da produção, sob a condição de que essas formas se revistam conforme as solicitações de autorregeneração da estrutura social. A separação característica ao capitalismo, entre proprietários dos meios de produção e vendedores da força de trabalho, requisita, como condições de sua existência, *relações jurídicas* que tomem, a uns e a outros, como *indivíduos livres e iguais*, bem como solicitam *politicamente* relações entre produtores diretos e apropriadores de mais-valor, sob a forma dissimuladora de *cidadãos*. As relações de produção capitalistas cedem então um lugar determinado ao político, ao preço de que ele preencha nessas relações as condições de sua reprodução como estrutura social. É conforme esse mesmo raciocínio que, pela simples análise das relações de produção que caracterizam uma sociedade comunista – abolição da separação entre força de trabalho e meios de produção e, consequentemente, da separação entre produção social e apropriação privada –, Marx se autoriza a afirmar nela a desaparição tanto do Estado quanto da própria vida política.

Coloca-se como ponto de partida necessário de uma teoria política marxista o exame *das condições que tornam possíveis o político*, sua estrutura e suas articulações específicas em relação a toda a formação social de que faz parte e, finalmente, sua dependência, autonomia e temporalidade próprias. Vamos enfocar, assim, a política como momento da história do próprio sistema que a solicita, cuja autonomia ou dependência será sempre relativa às condições de reprodução das relações de produção.

O caráter histórico da vida política será aqui dado por Marx como a compreensão inseparável dessa vida com cada momento da evolução das relações de produção, sua semântica, seu significado. No nível da teoria dos modos de produção, vamos encontrar então as raízes primeiras que, por sucessivas "sínteses de determinações concretas", conduzem-nos às conjunções políticas concretas, históricas.

Produção e circulação

O critério de que cada modo de produção redefine as categorias de todos os níveis – político, jurídico, biológico – leva a conclusões epistemológicas que se opõem frontalmente a qualquer leitura empírica da história que tente desvendar o sentido de cada momento histórico na sequência dos acontecimentos.

O político é mais passível dessas ambiguidades "historicistas", por não ter uma delimitação precisa em seu objeto a respeito da passagem de um modo de produção a outro. É como se seu objetivo vivesse eternamente em *períodos de transição*, em que a mesclagem de formações sociais distintas é tal que se dissolve aquele critério apontado como central para Marx. As mediações na passagem de uma teoria dos modos de produção para as conjunções políticas se acumulam de tal forma que as saídas mais imediatas são: ou seu desconhecimento total, o que dá vazão ao mecanismo, ou o apelo a um empirismo historicista que torna tão espessas as mediações que se dilui o caráter dos modos de produção em jogo.

A tarefa crítica preliminar será, então, buscar quais os momentos da evolução dos modos de produção que representam uma reconsideração do significado do político, isto é, a partir da distinção dos diferentes estágios de transição de um modo de produção a outro, determinar para cada um deles um grau de eficiência particular reservado ao político. Quando Lenin nos revela no imperialismo uma imbricação entre o econômico e o político que é apenas uma "etapa superior" do desenvolvimento das relações de produção capitalistas, a eficácia de sua análise advém do fato de – sabendo que essa imbricação estava contida anteriormente em potencial no capitalismo – distinguir com precisão o momento em que ela passa a reger todo o sistema. Vale dizer que ele introduz, no interior do capitalismo, momentos diferentes de eficiência do político como instância. Em distinções similares, assenta-se a fecunda divisão estabelecida no *Que fazer?*, de Lenin, entre os graus de consciência econômica e política.

Os elementos teóricos mais importantes a esse respeito encontram-se nas "considerações históricas sobre o capital comercial", feitas por Marx no capítulo XX do Livro III de *O capital*, já que nos aproximam das mudanças de função do político através da história[1]. A análise contrapõe o papel totalmente distinto que o capital comercial desempenha em um modo de produção em que ele é hegemônico em relação à produção, a um momento em que o capital industrial já se impõe como predominante. O capítulo procura, ao mesmo tempo em que demonstra o papel não constitutivo do capital comercial nas transformações dos modos de produção, justificar como, no nível da sequência cronológica, essa compreensão aparece completamente invertida. Além do interesse metodológico que a análise possui, ela nos

---

[1] Também em Karl Marx, *Grundrisse*, cit., p.183.

permite extrair um paralelo entre o papel que o capital comercial e o plano político desempenham dentro da estrutura social.

O capital comercial existe historicamente antes do capital industrial, já que seu papel, sendo o mesmo de sempre – "veículo para troca de mercadorias" –, sua existência, depende apenas da circulação simples de mercadoria e dinheiro. Basta a existência de mercadorias, produzidas em quaisquer condições sociais, mesmo que elas surjam como um fenômeno periférico ao sistema produtivo, para que se deem as condições suficientes para a existência do comércio. A simples existência de produtos disponíveis para a troca possibilita a inserção, entre esses polos, do comércio como intermediário, criando um mecanismo que dá vazão aos produtos excedentes. O capital comercial, como forma mais antiga historicamente de existência livre do capital, "parece ser a função por excelência do capital". O que significa essa anterioridade e qual seu fundamento? "Não custa, pois, a menor dificuldade compreender por que o capital comercial aparece como a forma histórica do capital muito antes que este submeta a seu domínio a própria produção. Sua existência e seu desenvolvimento até alcançar certo nível constituem, na realidade, a premissa histórica para o desenvolvimento do regime de produção capitalista: primeiro como condição prévia para a concentração do patrimônio dinheiro, e segundo porque o regime capitalista de produção pressupõe a produção para o comércio, a venda em grande escala e não a cada freguês individualmente, isto é, a venda a comerciantes que não compram em função da satisfação de suas próprias necessidades, mas que concentram em suas mãos os atos de compra de muitas pessoas"[2]. O capital comercial funciona, pois, como *premissa histórica*, condição indispensável para o surgimento do capitalismo, porque é requisito para a concentração do patrimônio dinheiro e para a produção em larga escala para a troca. Porém, como Marx se preocupará em distinguir mais adiante, o seu caráter de premissa histórica lhe é insuficiente para ser o responsável pelas ascensões e quedas dos modos de produção; aqui, o caráter de premissa histórica advém do fato de que a existência hegemônica do capital comercial coincide com seu processo de autodestruição, já que "todo o desenvolvimento do capital comercial tende a dar à produção um caráter cada vez mais orientado para o valor de troca"[3], incentivando a superação da produção voltada para a subsistência.

---

[2] Idem, *O capital*, Livro III (Rio de Janeiro, Civilização Brasileira, 1975), p. 376-7.

[3] Idem.

Desde esse instante, a função da *premissa histórica* do capitalismo é acompanhada de uma *autonomia consentida* que o capital comercial adquire. Somente a assunção do papel que a troca desempenha, ainda que lateral, ou do ponto de vista do capitalismo já constituído possibilitam superar focalizações empiristas que confundam as causas históricas como os fatores lógicos de sustentação da estrutura social. Se as rédeas do comércio não são mais curtas nesse instante, é pela extensão das necessidades de franqueamento do caminho que a produção capitalista requer. Quanto maiores elas se apresentarem, mais se dissolve aparentemente seu comando sobre a circulação. A armadilha é fatal para qualquer teoria que procure se constituir colada à "sequência histórica".

Enquanto mantém essa relação com a produção, o capital comercial representa uma "substantivação do processo de circulação frente a seus extremos"; seu papel permanece historicamente o mesmo, porém o sentido de ser "*veiculado para troca de mercadoria*" depende da forma de produção destas, que o comércio desconhece – mesmo quando a circulação parece impor-se ao processo produtivo, seu papel de *veículo*, de *instrumento* desse processo permanente, porque é o caráter da produção, voltada para os valores de uso, que lhe possibilita essa substantivação e lhe determina essa tarefa. E, ao mesmo tempo, a primeira troca existente já desvia o rumo da produção, fazendo do comércio seu servidor.

Essa substantivação, essa concreção indevida que o capital comercial adquire, faz com que o capital só apareça como tal no processo de circulação, uma vez que é o comércio que converte o produto excedente em mercadoria. Esse papel da circulação tem ainda a consequência de que as esferas da produção, porque voltadas para o uso, não se articulam imediatamente, mas encontram seu unificador, o mediador que as integra socialmente, no comércio. A sociabilidade não está presente já na produção, pela falta de referência ao outro que a produção em função da troca implica; o agente da sociabilidade é a circulação, o comércio, que articula as comunidades exteriormente às suas formas de produção. A circulação define o lugar dos indivíduos, encarna a presença da coletividade. A presença do social começa a existir quando a *coisa* se traveste em *mercadoria*, o que ocorre pelas mãos do capital comercial. Essa forma de sociabilidade de um modo de produção, em que a circulação ainda é uma mera fase da produção, determina uma forma particular de relação entre os *interesses individuais* e os *interesses gerais* da sociedade, bem diversa da sua articulação sob o capitalismo.

O modo de produção capitalista caracteriza-se pelo fato de a produção tomar a circulação, a distribuição e o consumo como meras fases do processo produtivo. Ao contrário das sociedades pré-capitalistas, onde a produção não tem as vistas voltadas para a circulação, comandando-se pela utilidade dos objetos, no capitalismo a produção visa à circulação desde seus primeiros passos, impossibilitando a substantivação desta. Todos os processos sociais encontram na produção seu unificador, em uma articulação que já não é externa a esses processos, porque eles são fases da produção. A forma de comércio intermediário que dá amplitude social às comunidades que liga – e encontra seu lugar nesse jogo – existe em razão inversa ao desenvolvimento da produção capitalista. O próprio caráter do lucro comercial muda com o capitalismo: embora sua função de instrumento de troca de mercadoria possa perdurar, o sentido desse instrumento é determinado pelo modo de produção que dá origem a essas mercadorias; na produção em função da troca, o lucro comercial já não tem mais nada a ver com sua forma precedente, o *logro*. Aqui, o lucro comercial vinha exclusivamente do mecanismo D-M-D', restringindo-se aos atos de compra e venda, de cuja diferença o comércio se alimentava. Sua existência é, pois, incompatível com a venda dos produtos por seus valores, fazendo com que a sociabilidade que implanta entre os indivíduos já seja viciada. O logro tem seu fundamento econômico na exploração das diferenças de preços de produção entre as diversas comunidades ou países produtores, atrasados suficientemente para produzirem em função do uso; e ganha as formas históricas da violência, da pirataria, do roubo. Esses mecanismos atribuem às formas políticas de apropriação o lugar central na sustentação da formação social, fazendo com que a importância relativamente maior que o comércio possui nas sociedades pré-capitalistas seja acompanhada também da valorização da política. A esta não se reservava um papel lateral, mas dela dependia o mecanismo de reprodução do sistema, assentado no lucro. Por esse motivo é que podemos dizer, ao mesmo tempo, que *quanto mais vigoram formas políticas de apropriação, menos presente está o capitalismo*, porque ele substitui essas formas pela *troca de equivalente* no mercado, onde um mecanismo propriamente econômico – o mais-valor – encarrega-se de alimentar o sistema: as mercadorias se trocam pelo seu valor, e a força de trabalho é trocada – pretensamente sob forma também equivalente – pelo salário.

Porém, o caráter dissolvente que o comércio possui, ao incrementar a produção em função da troca, é insuficiente para ser ele mesmo o responsável pelos caminhos que essa dissolução toma. A cada momento em que age, o capital comercial encaminha a transformação da estrutura social para uma direção, determinada por fatores que residem no modo de produção. Por ter sido a primeira forma histórica livre do capital e de ter posteriormente desempenhado papel importante na primeira fase de transformação da produção feudal, ela responde pelas ilusões quanto ao papel que o capital desempenha na passagem de um modo de produção a outro. Na transformação que leva ao capitalismo, Marx procura demonstrar como o capital comercial cumpre o papel de requisito necessário para o aparecimento da produção industrial, porque já cria os mecanismos de realização das mercadorias, de onde se justifica sua existência histórica anterior. Entretanto, esse requisito não é suficiente para dar conta dessa passagem, porque "o moderno regime de produção, em seu primeiro período, o da manufatura, só se desenvolveu onde se haviam gestado já as condições propícias dentro da Idade Média"[4]; "não é o comércio que revoluciona aqui a indústria, mas, ao contrário, esta que revoluciona o comércio"[5]. Tendo como determinação essencial a função de veículo, de instrumento, o comércio opera sempre heteronomamente, conforme elos de uma cadeia que capitaliza suas energias para finalidades que ele desconhece. Ser "veículo de troca para as mercadorias" vale tanto para acionar uma formação social pré-capitalista através do logro quanto para auxiliar a realização do mais--valor dentro do capitalismo. A autonomia do comércio em relação à produção revela-se então *uma autonomia dependente*, mas cuja dependência só tem sentido se for efetivada sob uma *forma autônoma*.

Quando, pois, a economia vulgar tomava o capital comercial como momento da produção industrial com estatuto idêntico ao da agricultura, da manufatura ou do transporte, denunciou seu caráter apologético: a diferença entre capital-mercadoria e capital-dinheiro reduzindo-se à distinção entre ramos da produção, a produção capitalista erige-se imediatamente em modelo da produção. O capital comercial e o capital bancário – em outras palavras, a circulação e o entesouramento – são reafirmados como momentos inerentes à produção em geral, como as distinções internas ao próprio plano da produção entre produção agrícola e manufatureira. A economia vulgar demonstra-se incapaz de distinguir a especificidade do lucro mercantil, que distancia o comércio das formas de produção. A fonte dessa indeterminação

---

[4] Idem.

[5] Idem.

reside na sua permanência no plano da sequência histórica, sem compreender o significado da *anterioridade cronológica* do capital comercial nem as diferenças que se introduzem nas relações entre o capital industrial e o comercial, na passagem das sociedades pré-capitalistas para a capitalista.

A perspectiva da troca

O ponto de vista ideológico mais responsável pela não compreensão de como as formas de sociabilidade se alteram, correspondendo a modificações nas relações entre capital industrial e capital comercial, é aquele que se restringe à perspectiva da troca, da circulação. Isso porque é para quem se coloca nesta perspectiva que a instauração do capitalismo representa apenas uma forma de troca universal de mercadorias, sem restrições de fronteiras nacionais. É assim que dilui a vinculação diferente do comércio com o sistema produtivo. Torna-se necessário, então, aprofundar o que representa exatamente essa perspectiva, como ela focaliza o processo social, quais as categorias com que procura organizar a realidade social e mesmo como ela é possível.

A possibilidade material dessa perspectiva advém dos requisitos menores solicitados para a existência do mecanismo comercial. Embora seja a própria reiteração do mecanismo de trocas que leve ao incentivo e predomínio da produção sobre a circulação, antes mesmo de esta se disseminar o comércio já pode existir. Sua existência depende, nessas circunstâncias, do desconhecimento das condições particulares da produção, que são tomadas por ele como *condições dadas*. Seu interesse volta-se apenas para a existência de produtos excedentes que possam, na troca, ganhar o caráter de mercadorias. O comércio opera, assim, uma forma de ligação entre comunidades de produção estanques, cuja vida social resume-se a esse mecanismo de trocas, que é ainda insuficiente para defini-las. Enquanto a produção estiver centrada nos valores de uso, esse papel estará reservado ao comércio, que explora precisamente o fechamento das comunidades econômicas sobre si mesmas. O que equivale a dizer que, *em todas as sociedades pré-capitalistas, a circulação tem um caráter distinto do que ela assumirá no capitalismo*; com isso, a organização da vida social em um momento e em outro segue caminhos distintos. Dentro do capitalismo, a produção já conterá em si o roteiro das formas de sociabilidade das quais os outros processos sociais serão apenas sua realização. Enquanto a produção se guia pelo valor de uso, ela ainda não se capacitou a desempenhar esse papel. A sociabilidade é, antes, produto da *soma*, da *justaposição* das comunidades econômicas, efetuada pelo comércio. A presença do social restringe-se a esse momento privilegiado do encontro dos produtos excedentes no mercado. Se no capitalismo serão apenas as formas ideológicas que esconderão a referência social já no processo produtivo – pela predominância do valor de troca –, nas sociedades pré-capitalistas a presença do social só se dá no plano da circulação, já que a produção para a troca é lateral e não se põe como sua finalidade. A substantivação que o comércio adquire significa exatamente que é ele que dá consistência social às formas particulares de produção, correspondendo ao predomínio da produção para o uso, porque a produção existe sob essa forma – não determina a partir de si o caráter das relações sociais, papel que é dado pelo processo de troca. É apenas na troca que o capital e a mercadoria existem como tais: é pela troca que os indivíduos, enquanto portadores de mercadorias, ganham dimensão social. Como o lucro comercial advém do logro, o lugar que se ocupa na troca é que determina socialmente o papel do indivíduo ou da comunidade. A função de veículo para a troca de mercadorias, dentro desses modos de produção, traduz-se, para os proprietários de produtos excedentes, em veículo que conduz da particularidade à sociabilidade.

Esse papel central do comércio nas sociedades pré-capitalistas encontra seu correspondente na função que a política desempenha. As relações políticas têm em comum com as relações de troca o fato de se abstraírem igualmente da produção, tomando os indivíduos como *cidadãos*, desligados de suas funções de indivíduos que produzem. A vida política também significa um contato entre os homens no plano da generalidade, que não inclui os seus papéis privados. À justaposição das mercadorias pelo comércio socializa-se o objeto, na qualidade de mercadoria, e os indivíduos, como proprietários das mercadorias, só se tornam seres sociais dentro dele. Paralelamente, é a política que *doa* aos indivíduos a qualidade de seres sociais, através da qualidade de cidadãos. O comércio articula as formas de produção exteriormente, sem consideração das condições dessa produção; à política cabe a organização dos indivíduos, abstraindo-se das condições que os produzem como indivíduos, articulando-os exteriormente às suas condições privadas. Os laços que unem os cidadãos na política são tão incólumes aos seus papéis privados quanto o desconhecimento que as mercadorias têm em relação às condições particulares de sua produção como coisas. Enquanto o capital comercial parece ser a função por excelência do capital, o comércio e a política se constituem nos eixos em torno dos quais se constrói a sociabilidade. Porém, são formas de relações sociais que não incorporam as condições privadas dos indivíduos, e que antes tiram daí sua vida e sua força. Enquanto é a circulação que articula o processo social de mercadorias, é na política que os indivíduos encontram o lugar por excelência de sua existência social.

Isto já bastaria para determinar destinos similares ao processo de troca e às relações políticas, através dos diversos modos de produção. Mas suas relações estreitas vão mais longe: quando o capital comercial não foi ainda submetido à hegemonia no capital industrial, ele tem de encontrar seu motor no próprio processo da circulação. Como vimos, esse motor é o *logro*, o comprar barato e vender caro – em suma, a violência, nas suas formas mais ou menos abertas. As formas políticas de apropriação são então predominantes em todas as formas sociais pré-capitalistas: tanto nas relações de apropriação entre países – nas relações coloniais, por exemplo – como nas relações de trabalho – na escravidão ou na servidão. Nos modos de produção em que o lucro comercial é central, está igualmente reservado papel básico à política. Desta forma, a localização do político, sua eficácia e sua autonomia têm sua sorte ligada diretamente à função que o mecanismo de trocas desempenha em cada modo de produção. As alterações essenciais têm seu marco na instauração hegemônica do capitalismo, recolocando a estrutura social em funcionamento conforme as leis que rompem abruptamente com todos os modos de produção anteriores. Vejamos o destino da política – mediado pelo da circulação – dentro da estrutura capitalista.

Capitalismo e circulação

Ao contrário dos modos de produção anteriores, o capitalismo caracteriza-se aqui exatamente pela consideração da circulação apenas como um ato incluído já na produção. A circulação, ao lado da distribuição e do consumo, tem o papel de realizar o mais-valor, que possui sua origem nas condições de separação entre força de trabalho e meios de produção dadas no processo produtivo. Esses atos são todos elementos de uma tonalidade, diferenciações no interior de uma unidade que se constitui conforme os moldes da produção. Nela, residem as coordenadas que organizam os momentos da distribuição, da circulação e do consumo, em uma determinada direção.

A hegemonia do valor de troca faz com que as relações entre o indivíduo e o produto de seu trabalho só ganhem inteligibilidade pela mediação do processo social que serve como referência a esses valores. Nega-se, a partir daqui, qualquer forma de existência natural do indivíduo, já que mesmo sua solidão de indivíduo é produzida e possibilitada por um dado grau de desenvolvimento das forças produtivas: "O ser humano é [...] não apenas um animal social, mas também um animal que somente pode isolar-se em sociedade"[6]. Essa forma de referência social impede igualmente a consideração dos indivíduos, na divisão do trabalho, como simples trocadores, posto que a troca encontra seu fundamento para além de suas fronteiras, já no plano da produção. Só há sentido na troca do salário pela força do trabalho porque esta se paga e cria um excedente no processo produtivo. A troca possui, pois, a autonomia consentida que a produção – que a constitui como nível e produz os elementos de que ela se alimenta – lhe possibilita.

O processo de troca é heterônomo, porque ele não se coloca imediatamente como sua própria condição. Seus elementos não são postos por ele, mas ele os pressupõe não apenas cronologicamente, mas como requisito lógico do processo de circulação. Esses elementos têm de proceder de seu exterior, onde a circulação vai buscar sua propulsão. Portanto, ela não se fecha em si mesma, como se fosse constituída de um processo de reprodução circular, mas, ao contrário, é por excelência um processo intermediário, complementar. Sua instauração pressupõe polos abastecedores de mercadorias, que não se criam a partir dela: sua existência supõe sempre um "para além de si mesma", na qual se produzem os elementos que a possibilitam e a reproduzem.

A perspectiva da troca produz uma visão que só pode dar conta parcial do processo social, tanto na sua extensão quanto na sua dinâmica, porque ela não o abarca como um todo, sendo apenas um elemento desse processo, e porque não compreende o mecanismo sobre o qual ele se reconstrói cotidianamente. Ela pode fornecer dados a respeito de como decorrem as relações *dentro* da sociedade, sem poder explicar como essas relações se produziram e se mantêm; tem, portanto, de assumir a perspectiva da *descrição*, já que não alcança o campo que explica a origem desses mecanismos. Isso porque os próprios elementos com que trabalho – os indivíduos – são antes produtos históricos do desenvolvimento do valor de troca do que elementos naturais em que se possa assentar imediatamente.

---

[6] Karl Marx, *Grundrisse*, cit., p. 40.

Adotar a perspectiva da troca em uma estrutura assim configurada é focalizar o mecanismo social no plano de suas projeções, é prolongar a perspectiva que comandava o processo social nas sociedades pré-capitalistas, sem considerar a inversão que se deu com referência ao papel da produção. A troca, tomada como o centro da estrutura social, é a abstração da diferença específica que distingue e determina o capitalismo. Se adotamos a perspectiva da troca, abstraindo-nos das relações de produção, apagamos todas as contradições imanentes à sociedade burguesa. Na troca de valores, tomados como equivalentes, os indivíduos são simples trocadores de objetos iguais. "A sua relação como trocadores é, por isso, a relação da igualdade."[7] Qualquer desigualdade que se introduza seria fruto de aptidões pessoais, e não do mecanismo pelo qual se relacionam.

A igualdade e a liberdade são totalmente respeitadas na troca, nas quais elas encontram, na troca de valores equivalentes, a base real de sua sustentação. A circulação é o lugar por excelência da liberdade e da igualdade, não apenas porque é *somente na troca* que eles encontram correspondência. Liberdade e igualdade são liberdade e igualdade na *troca*:

> A esfera da circulação ou da troca de mercadorias, em cujos limites se move a compra e a venda da força de trabalho, é, de fato, um verdadeiro Éden dos direitos inatos do homem. Ela é o reino exclusivo da liberdade, da igualdade, da propriedade e de Bentham. Liberdade, pois os compradores e vendedores de uma mercadoria, por exemplo, da força de trabalho, são movidos apenas por seu livre-arbítrio. Eles contratam como pessoas livres, dotadas dos mesmos direitos. O contrato é o resultado, em que suas vontades recebem uma expressão legal comum a ambas as partes. Igualdade, pois eles se relacionam um com o outro apenas como possuidores de mercadorias e trocam equivalente por equivalente. Propriedade, pois cada um dispõe apenas do que é seu. Bentham, pois cada um olha somente para si mesmo. A única força que os une e os põe em relação mútua é a de sua utilidade própria, de sua vantagem pessoal, de seus interesses privados. E é justamente porque cada um se preocupa apenas consigo mesmo e nenhum se preocupa com o outro que todos, em consequência de uma harmonia preestabelecida das coisas ou sob os auspícios de uma providência todo-astuciosa, realizam em conjunto a obra de sua vantagem mútua, da utilidade comum, do interesse geral.[8]

---

[7] Ibidem, p. 185.

[8] Karl Marx, *O capital*, Livro I (São Paulo, Boitempo, 2013), cit., p. 250-1.

Assim, a sociabilidade tece suas malhas a partir da perspectiva da troca, isto é, pela soma de contingências individuais, decididas ao nível do desejo de subsistência da sociedade. O apelo às formas de naturalismo que justifiquem esse "feliz reencontro" torna-se uma necessidade ideológica imediata.

A órbita da circulação possui, então, uma forma ideológica particular de focalizar o processo social, com categorias próprias que organizam uma visão do mundo totalmente articulada interiormente. Nesse sentido, dar conta do processo social significa escamoteá-lo sob formas associais, que desmontam os mecanismos sociais e cuja consideração só tem sentido quando é feita a partir do seu eixo no processo produtivo. Quando a circulação é colocada no centro do processo social, seus mecanismos específicos são estendidos a toda a estrutura social. Constrói-se, então, uma concepção da vida social inadequada, não apenas por essa extrapolação indevida, mas também porque a origem das categorias que comandam o mecanismo social fica escondida. Porque o capital *vem da circulação* – no sentido de que é ela que realiza o mais-valor apropriado na produção –, essa realização faz as vezes de origem absoluta, para a observação empírica que, por não captar o roteiro do mais-valor, perde de vista a origem e o desenvolvimento do capital.

O caráter de troca de equivalentes excluiria qualquer resquício econômico dos atos de troca, fazendo com que os indivíduos se encontrassem no mercado apenas na qualidade de *homens*, e traduzindo o seu comportamento nesses atos em características da *natureza humana*. A forma econômica – a troca – determinaria um conteúdo exterior à economia, atribuindo um caráter natural à relação. A *vontade livre na troca* erige-se em *livre-arbítrio*. O *contrato entre trocadores de mercadorias* reveste-se de contrato social pelo qual cada um contrata conforme sua vontade livre. O caráter de posse privada das mercadorias na troca constitui uma soma de interesses egoísta, cujo produto mágico é o *interesse social*, fazendo com que cada um, voltando-se apenas para si mesmo, constitua o interesse geral. As reflexões que buscam na natureza humana os fundamentos que delineiam as formas de sociabilidade podem se abstrair das relações econômicas no mundo moderno porque a troca funciona como moeda cuja face econômica não precisa transparecer na sua face jurídica, já que o caráter de igualdade na troca elimina qualquer referência aos mecanismos econômicos. Enquanto ato econômico, a troca aponta para a produção, na qual residem suas raízes; mas, enquanto contrato jurídico, busca fundamento nas características da natureza humana, fechando-se aí sobre si mesma. Além disso, a circulação, permanecendo desde sempre com o mesmo caráter de veículo para troca de mercadorias, torna-se propícia à abstração das relações de produção que, aparentemente, não alteram seu caráter, possibilitando a sua escolha privilegiada como o lugar revelador da natureza humana.

Porém, para Marx, não se trata apenas de denunciar a perspectiva da circulação como ideológica, mas de aprofundar as diferenças que decorrem das funções diversas que esse processo ocupa em cada modo de produção. É nas diferenças específicas de cada modo de produção que encontraremos as fontes do fenômeno de que a ascensão de cada classe social na história traz consigo uma nova bagagem semântica, cujo vigor estará ligado aos destinos dessa classe. A semântica das expressões *igualdade* e *liberdade*, por exemplo, cujas existências se ligam ao processo de circulação, pode dar a impressão de uma continuidade linear em relação às sociedades pré--capitalistas. Contudo, com o deslocamento do papel do mecanismo de trocas, o sentido dessas noções passa a ser totalmente outro. Marx chega a dizer mesmo que "a igualdade e a liberdade nessa extensão são exatamente o oposto da liberdade e igualdade antigas, que não têm justamente o valor de troca desenvolvido como fundamento, mas se extinguem com seu desenvolvimento"[9]. Essas noções não possuíam como base, anteriormente ao capitalismo, o valor de troca evoluído, sendo, ao contrário, destruídos com sua evolução. A liberdade e a igualdade, como o mundo moderno as concebe, descansam sobre relações de produção inexistentes antes do capitalismo, o que lhes garante um caráter nitidamente ideológico.

Mesmo nas análises anticapitalistas, a ideia de um caminho sem saltos dos valores de liberdade e igualdade, a ideia de que "a história dos homens é a história da liberdade", são formas ingênuas de historicismo. Marx as combate na figura dos socialistas utópicos, para quem o socialismo seria continuador dos ideais da Revolução Francesa, desvirtuados pela burguesia. Em sua origem, o mecanismo da troca representa adequadamente o reino da liberdade e da igualdade para todos, seu falseamento advindo da ação do dinheiro, do capital etc. Marx responde-lhes que, em primeiro lugar, o dinheiro é apenas a realização do valor da troca, e o sistema monetário, a forma desenvolvida do sistema de troca de valores equivalentes. Em segundo lugar, a troca *e* o valor de troca *e* o capital *e* o dinheiro constituem-se de

---

[9] Idem, *Grundrisse*, cit., p. 188.

fato nos fundamentos da igualdade e da liberdade. Impossível que o valor de troca se desenvolva sem o capital, e vice-versa. Em consequência, as ações do dinheiro e do capital, longe de perturbarem o bom funcionamento da troca, são seus elementos indispensáveis: "O sistema monetário significa a realização do reino da liberdade e da igualdade, isto é, a realização da igualdade e da liberdade provoca a desigualdade e despotismo"[10].

A preocupação dos socialistas utópicos permanecia a de jogar os ideais da sociedade burguesa contra o seu mecanismo real, sem perceber que esses próprios ideais tinham o estigma de um modo de produção determinado: o capitalismo. Caíam, assim, na armadilha da ideologia burguesa, segundo a qual as leis do mecanismo de troca espelham a realidade do capitalismo. Era em nome dos ideais gerados na perspectiva de que a circulação é o centro do processo capitalista que se batiam quixotescamente. Quando Marx destrói essa ilusão, inutiliza a um só tempo todas as categorias da ideologia burguesa, em relação às quais a sociedade socialista representa uma ruptura real. Com a distância que marca em relação à liberdade e à igualdade forjadas pelo modo de produção capitalista, o marxismo impede-se, ao mesmo tempo, de se colocar como mero continuador dos valores burgueses. Se, para Marx, a sociedade socialista deve incorporar as conquistas de todas as sociedades anteriores, trata-se, sobretudo, das conquistas materiais da sociedade capitalista, incluindo-se aí sua cultura, na medida do seu despojamento em relação à ideologia. Isso porque todos os elementos que compõem a ideologia capitalista, tais como suas noções de liberdade, igualdade, humanismo foram gerados e então trespassados, de um lado a outro, pela marca do modo de produção capitalista.

Capitalismo e política

Uma vez marcadas e realçadas as diferenças que as passagens de um modo de produção a outro determinam, resta retomar o lugar do político, para redefinir particularmente sua localização dentro do capitalismo. Vimos como a função do comércio nas sociedades pré-capitalistas reservava consigo um papel central ao político. Às relações particulares que os indivíduos entretêm

---

[10] Idem, *Elementos fundamentales para la crítica de la economia política* (Cidade do México, Siglo XXI, 1989, v. III), p. 239. Aqui em tradução livre.

em uma produção voltada para a subsistência contrapõe-se o campo dos interesses sociais, comandando essas relações. Mesmo na produção, predomina uma forma de relação não econômica, violenta: o trabalho forçado direto. Conforme o trabalho cria produtos particulares e não valores de troca, ao invés de ser um fator de socialização, ele se constitui, ao contrário, em um privilégio. As relações políticas são então as que autenticamente têm o papel de organizar os indivíduos na sua existência social. Além disso, a intervenção do político era essencial para a apropriação do lucro comercial, que se valia de mecanismos de violência.

A passagem para o mundo moderno aparentemente não significa um desvio em relação a essa situação, particularmente para quem se situa na perspectiva da sequência dos fatos históricos. Os primórdios do capitalismo no mundo parecem confirmar a direção anterior, já que representam antes um reforçamento do papel do comércio, bem como das formas de apropriação políticas, tanto através das políticas coloniais violentas, quanto através das expropriações dos pequenos proprietários rurais internamente aos países europeus. Tratava-se da realização máxima do comércio na história que, porém, abria caminho exatamente para sua subordinação ao mecanismo da produção. Era o processo de acumulação primitiva de capital, tanto nas relações entre países – particularmente entre metrópoles e colônias – como nas relações entre as classes, com a expropriação violenta dos pequenos proprietários rurais. Porém, esse processo não demonstrava o papel que estava reservado ao comércio dentro da estrutura capitalista, constituindo-se apenas em um dos requisitos históricos de sua instauração. Assim, ao preparar o advento do capitalismo, o comércio preparou também o esvaziamento de sua eficácia, em função do capital industrial.

Processo similar ocorre com a política, cujo papel no início do mundo moderno poderia fazer prever um fortalecimento de suas funções dentro do novo modo de produção. Além do papel que as relações políticas desempenharam conjuntamente com o comércio, para o qual vale o raciocínio anterior, há a função particular que o Estado desempenhou. O Estado, na sua acepção moderna,

> surgiu no tempo da monarquia absoluta, na época da decadência do sistema feudal, para cuja aceleração contribuiu. Os privilégios senhoriais dos proprietários de terra e das cidades se transformam na mesma quantidade de atributos do poder estatal, os dignitários feudais passam à condição de funcionários

> remunerados e o catálogo multicor dos potentados medievais conflitantes se converte em plano regulamentado de um poder estatal cujo trabalho é dividido e centralizado como numa fábrica.[11]

Todo o desenvolvimento posterior levou ao fortalecimento e aprimoramento dos mecanismos estatais que, conforme liquidavam as resistências feudais, preparavam o terreno para a cristalização das relações de produção capitalistas, na medida em que caminhavam em dois sentidos: adaptação à divisão do trabalho na sociedade e centralização rigorosa da vida social.

Entretanto, conforme propicia a consolidação da produção em moldes capitalistas, o Estado prepara seu próprio esvaziamento, já que luta contra as formas sociais pré-capitalistas, nas quais a apropriação política sempre tinha presença importante. Nas relações escravistas, por exemplo, "mesmo a parte da jornada de trabalho em que o escravo apenas repõe o valor de seus próprios meios de subsistência, em que, portanto, ele trabalha, de fato, para si mesmo, aparece como trabalho para seu senhor. Todo seu trabalho aparece como trabalho não pago"[12]. Nas relações feudais de trabalho, "o trabalho do servo para si mesmo e seu trabalho forçado para o senhor da terra se distinguem, de modo palpavelmente sensível, tanto no espaço como no tempo"[13]. O trabalho assalariado, por outro lado, esconde a divisão entre o trabalho excedente e o trabalho necessário, sendo o responsável pela *imanência da vida econômica no capitalismo*. Tanto o trabalho pago como o não retribuído aparecem como pagos, exatamente ao contrário do trabalho escravo. A introdução das relações capitalistas de trabalho representa, pois, o fim das formas palpáveis de apropriação política, fornecendo a base material que sustenta a ideologia da liberdade e da igualdade; tudo o que contribui para a instauração dessas relações colabora para o enfraquecimento das relações políticas. É o que ocorre com o Estado, cujo fortalecimento desempenhou o papel de requisito histórico do capitalismo, particularmente na luta contra o feudalismo, mas cujo papel dentro da estrutura capitalista modificou-se. O Estado continuou essencial às relações de produção capitalistas; porém, como essas relações se autorregeneram economicamente, quanto mais elas logram esse seu intento, mais reservam às relações políticas

---

[11] Idem, *O 18 de brumário de Luís Bonaparte*, cit., p. 140.

[12] Idem, *O capital*, Livro I, cit., p. 610.

[13] Idem.

funções ideológicas, esvaziadas de eficácia real, similares às das relações jurídicas e morais. O papel reservado ao político, conforme a estrutura que o capitalismo se pretende, é o de um nível de superestrutura. Para a marcha ordinária dos negócios, o trabalhador pode ser confiado às "leis naturais da produção". O papel da violência passa a se constituir em "reserva" do sistema, marginal ao seu mecanismo normal.

As relações entre o comércio e a indústria, e entre a política e as relações econômicas, são formas de manifestação das relações entre os modos de produção tomados na estrutura de seu funcionamento e seu encadeamento histórico. Centrados no capitalismo, como ponto de vista privilegiado que ilumina os modos de produção anteriores, percebemos como a cronologia evidenciava um papel do comércio e da política que não coincide com sua função dentro do capitalismo, mas cuja atividade exatamente prepara o advento da hegemonia da indústria e das relações econômicas. Esse imbricamento entre os dois planos necessita da existência, na história, de momentos que representem uma ruptura decisiva na evolução cronológica, porque significa a passagem à outra estrutura de modo de produção. Na evolução política da França, analisada por Marx, *O 18 de brumário* desempenha esse papel; a política e o Estado veem redefinirem-se seus lugares na estrutura social a partir desse instante. Ele marca a passagem da determinação da vida social pela contradição entre os interesses burgueses contra os feudais para sua determinação pelas contradições de classes inerentes ao capitalismo, que opõem burgueses e proletários.

A mudança de papel que ocorre com a política e com o Estado advém das diferenças que se estabelecem nas formas de oposição aos interesses feudais ou aos proletários. O domínio feudal assentava-se em relações políticas, tanto na dependência do servo da gleba para com o senhor feudal, mediada pela posse da terra, como nas relações de comércio, em que a apropriação política era central. A forma de combate às relações feudais encontrava o seu campo dentro mesmo da luta política pela quebra dos privilégios locais pelo poder do Estado; a burguesia teve de combater com as armas que seu adversário havia escolhido.

Em todas as formações sociais pré-capitalistas – escravistas e medievais – o político ligava-se, por isso, estreitamente à vida econômica da comunidade. A ausência de separação radical entre a força de trabalho e os meios de produção impossibilitava uma vida política desligada das relações econômicas, já que não existia ainda o cidadão – indivíduo tomado exclusivamente como ser social, independentemente de sua relação com os meios de produção. Portanto, o político ainda não existia como um nível específico, com lógica interna própria, estrutura e práticas autonomizadas, paralelamente ao fato de o indivíduo não ter funções distintas enquanto homem político e enquanto participante da estrutura econômica da sociedade.

O capitalismo encontra seu fator de propulsão na esfera econômica, através da separação entre meios de produção e força de trabalho, que propicia o não pagamento do trabalho excedente. As relações políticas já não se situam no centro desse mecanismo, sendo solicitadas a desempenhar papel diverso: trata-se da função ideológica de assentar-se *sobre* as relações econômicas de produção, valendo-se da separação dos indivíduos em relação aos meios de produção para organizá-los socialmente desligados de seus lugares junto aos instrumentos de trabalho. Surge, assim, o conceito do "propriamente político", fundado na separação entre os meios de produção e a força de trabalho; a consideração desses fatores unidos, através da venda da capacidade de trabalho em troca do salário, determina o lugar que os indivíduos ocupam na estrutura de produção da sociedade; a possibilidade de consideração dos homens apenas como seres que participam da produção através do mecanismo de trocas dá chance de aparição e autonomia ao político.

Duas noções do político

A política e o comércio percorreram roteiros similares nos tipos de sociedade pré-capitalistas. Quando projetamos o papel do comércio para dentro da estrutura capitalista, sua importância se dilui diante do mecanismo da produção. A falta de compreensão dessa ruptura que representa a instauração do capitalismo conduz a uma visão invertida do processo social: a perspectiva da análise não se desloca do mecanismo de trocas, mas a visão que se descortina já não corresponde ao processo social real. Continua a existir um "mundo do comércio", e uma perspectiva que lhe corresponde; porém, seu significado lhe é exterior – reside no plano da produção – ao mesmo tempo que, relativamente às estruturas anteriores, ele se autonomiza, gerando a ilusão de que ela é acompanhada de uma efetividade maior dentro da estrutura. Tem aí sua fonte o caráter apologético das análises que assumem essa perspectiva, abstraindo-se da mediação que desempenha o lugar nas relações de produção que ocupam os indivíduos, para confrontá-los estritamente enquanto trocadores de mercadorias.

Quando se estende o lugar da política das sociedades pré-capitalistas para as capitalistas, ocorre que:

a. enquanto a política tomar os indivíduos isoladamente das relações de produção, ela os verá uniformemente enquanto cidadãos, privando-os, portanto, de captar as determinações que os produzem enquanto membros das classes sociais; daí sua importância para localizar a presença do poder político na sociedade. Sua análise estará ao sabor das contingências do jogo em torno do Estado, no qual se concentra, para ela, o poder social;
b. à dissociação entre poder político e posse do Estado correspondem duas concepções da política: uma é a visão caracterizada por Marx como ideológica, que concentra na *relação homem a homem* o centro da vida social, o que não pressupõe as condições materiais que os produzem enquanto homens; pretendendo livrar-se das pressuposições ao partir do "homem", termina por desconhecer as condições que o geraram e o reproduzem cotidianamente enquanto homem. A outra é a concepção marxista da política, que segue o roteiro lógico da estrutura capitalista, para buscar a localização do poder real na sociedade. Seu rumo é ditado pelas pegadas do capital, como grande agente social do processo capitalista, e para tanto suas raízes assentam-se nas relações de produção, irradiando-se daí para toda a estrutura. A partir daí constituem-se as categorias políticas, que percorrem todos os determinantes partidários, passando por todas as formas ideológicas que os permeiam. A política se reduz, na primeira concepção, a uma superestrutura abstrata em relação às condições reais da vida sócia; na segunda, ela representa a síntese de todas as relações sociais, porque não é mais um campo privilegiado dentro da estrutura social, mas penetra em todos, englobando-os e constituindo-se no grau mais alto de consciência e atividade social. Sua presença desdobra-se em onipresença, paralelamente à ação do capital – determinante do poder na vida social. O caráter de "superestrutura" não é dado mais como um nível para além do mecanismo das relações de produção, mas como requisito mesmo de sua existência.

Para que o trabalho objetivado seja colocado "como não *objetividade* do trabalhador, como objetividade de uma subjetividade contraposta ao trabalhador, como *propriedade* de uma vontade que lhe é estranha"[14], é necessária não apenas a reprodução do capital e do trabalho assalariado, mas também de suas formas de existência jurídicas: *o processo de valorização do capital visa também à produção do capitalista e dos trabalhadores assalariados,* como portadores (*träger*) das funções que reproduzem, na estrutura, aquele processo. Para que as relações entre capital/trabalho possam se revestir de relações de troca entre força de trabalho/salário – para que haja a divisão entre trabalho necessário e trabalho excedente – é necessária a sua existência no nível de indivíduos que os corporifiquem e sejam seus suportes comuns. A heterogeneidade entre a força de trabalho, enquanto produtora de valores de uso, e o salário, enquanto remunerador das horas de trabalho necessárias à reposição das energias da força de trabalho, encontra no mecanismo individual de troca seu denominador comum. A distância entre a força de trabalho – explorada conforme sua capacidade de criar utilidades – e sua remuneração – fundada no critério de valor de troca –, de onde o capital extrai o mais-valor, precisa ser preenchida por relações que achatem os polos desnivelados. Particularmente, o interesse para que essa troca se efetue assim é que desapareça o caráter de *salário* e de *lucro*, que determinam as diferenças entre as remunerações, para ressaltar o aspecto quantitativo da troca, sua dissolução na forma dinheiro. Não basta, portanto, que se dê a separação entre a força de trabalho e os meios de sua realização, mas é preciso que as condições objetivas do trabalho tomem a forma de uma *pessoa* oposta ao trabalho. "No conceito do capital está contido o capitalista."[15]

A não identidade entre capital e capitalista, advinda do fato daquele poder, por exemplo, ser emprestado, acumulado etc., não impede que, para que ele tenha essas possibilidades, um dos seus requisitos seja sua tradução jurídica na figura do capitalista. Porque é a partir do papel que essa tradução desempenha na troca que pode ser mascarada a fonte de apropriação do capital, que possibilita suas outras funções. Se o capital transcende o capitalista, é porque na origem ele toma a forma individual deste; essa mutação torna-se uma das condições que produziram sua existência, ainda que sua reprodução não dependa em absoluto dela.

As críticas de Lenin em *Que fazer?* dirigem-se à forma de consideração do político resumido à superestrutura, sem raízes no processo das relações de

---

[14] Karl Marx, *Grundrisse*, cit. p. 422.

[15] Idem.

produção. Quando aborda as relações entre o econômico e o político, fazendo a crítica da tendência "economicista", Lenin ressalta as duas formas diversas de tratamento do político: "Tampouco 'negam' esses autores a política, mas, seguindo V.V., apenas dizem que a política é uma superestrutura da agitação em favor da luta econômica, deve surgir sobre o terreno dessa luta e seguir a seu reboque"[16]. Trata-se aqui, precisamente, de se abandonar aos critérios da própria ideologia capitalista, inferindo-se que, se os interesses econômicos desempenham papel decisivo, o grau de consciência desses interesses e sua elevação ao centro da luta anticapitalista decorrem naturalmente. Para Lenin, nesse grau de consciência ainda nos situamos no nível do *instintivo*, do *inconsciente*, do *espontâneo*, isto é, dentro das malhas da estrutura e da ideologia burguesas, uma vez que, por oposição, é a visão política que nos capacita à consciência da estrutura social como um todo, fazendo aparecer as determinações de cada nível, e situando os interesses econômicos como decisivos; a política ou se confunde com esses interesses, nunca alçando-se ao nível da estrutura geral da sociedade, ou se afasta desse plano, porque se considera com relações de "vizinhança" com a economia, e não como um nível superior que a integre. Portanto, o máximo de consciência política, nesse rumo, conduziria às ações instintivas, à defesa dos interesses imediatos, à "resistência aos capitalistas", daí os dois sentidos que a política adquire na exposição de Lenin, quando ele compara, em seu famoso capítulo de *Que fazer?*, "Política *trade-unionista* e política social-democrata", em que aquela se revela antítese desta, ainda que – e por isso mesmo – seja fiel à concepção da política como a ideologia capitalista a toma, como superestrutura.

A instância do político

Resumindo os passos mais importantes dados até aqui, retomaríamos o desenvolvimento a partir das relações entre a produção e a circulação. A produção pressupõe a circulação em forma desenvolvida. Ao se desenvolver, a produção gera igualmente a circulação, ao mesmo tempo em que se reproduz. O fato de pressupor a circulação ganha seu lugar definido ao lado da afirmação de que a produção engloba a circulação desenvolvida em seu processo único.

---

[16] Vladimir Lenin, *Que fazer?* (São Paulo, Hucitec, 1978), p. 25.

Paralelamente a isso, as relações econômicas capitalistas pressupõem relações políticas sob forma desenvolvida, mesmo porque a história daquelas passa pelo desenvolvimento destas, da mesma forma que a gênese do capital passa pela exposição do mecanismo de trocas. O desenvolvimento das relações econômicas e políticas constitui-se, pois, em um processo único de produção e reprodução do sistema, compondo as relações de produção.

Contudo, a *realização* do político (que a filosofia política vê) no mundo moderno só seria possível se as relações de produção capitalistas fossem relações fechadas sobre si mesmas, isto é, se as condições da circulação sempre comandassem seu mecanismo, não fazendo do capitalismo um sistema que reproduz as condições de sua realização, mas sempre sob uma forma ampliada, condenando-se a uma expansão contínua. Na medida em que, por exemplo, o capitalismo não produz mercado consumidor no mesmo ritmo de expansão em que amplia a produção, isto é, na medida em que algum dos mecanismos que solicitam uma contínua expansão da produção não encontra correspondentes no consumo, o sistema já não está reproduzindo todas as condições necessárias à sua existência. As crises apontam exatamente para as contradições entre um sistema que produz seus pressupostos, mas que, pela separação entre produção social/apropriação privada que o funda, não reproduz homogeneamente as condições de produção e de apropriação. A produção tende a uma contínua expansão, já que, conforme a fórmula sintética do *Manifesto Comunista*, "a burguesia não pode existir sem revolucionar incessantemente os instrumentos de produção"[17], mas as condições de apropriação não são multiplicadas pelo mesmo mecanismo. Ao contrário, a tendência é a de aceleramento da contradição entre a produção – cada vez mais socializada – e a apropriação – crescentemente privatizada.

Nesse vácuo reintroduzem-se as soluções políticas dentro do capitalismo. Lenin consegue caracterizar o imperialismo como "etapa superior do capitalismo", como fenômeno já encravado no coração das relações de produção capitalistas, exatamente por esses clarões que se abrem nas condições de reprodução do funcionamento do sistema. As crises capitalistas não se produzem pela impureza do funcionamento histórico do esquema capitalista; elas encontram sua origem na própria forma de se estruturar esse esquema, tendo obrigatoriamente que se restabelecer sob forma expandida. A fase imperialista já não distingue então entre as necessidades puramente econômicas ou

---

[17] Karl Marx e Friedrich Engels, *Manifesto Comunista* (São Paulo, Boitempo, 1998), p. 43.

políticas do capitalismo: trata-se da reprodução das condições de funcionamento das relações de produção que, pelas necessidades de expansão do mercado, por exemplo, não se determinam exclusivamente como condições de uma ordem ou outra. Como relações de produção baseadas na divisão de classes e na apropriação radical do trabalho alheio, elas já não discerniam entre um mecanismo econômico e as relações políticas; em um sistema assim constituído, a política está tão presente como as condições que produzem a divisão em classes. As relações econômicas e políticas reencontram-se como condições de um mesmo processo: reprodução dos pressupostos das relações de produção, fulcro da existência e subsistência do capitalismo. Lukács observa o fenômeno ao nível da ideologia, afirmando: "É porque a ideia, abertamente expressa, da luta de classes aparece duas vezes na história da ideologia burguesa"[18]. São os momentos em que o político intervém mais abertamente, tendo em vista a produção das condições históricas *solicitadas* pelo modo de produção capitalista: o período "heroico" da ascensão burguesa, e seu "período final de crise e desagregação", a etapa imperialista. Essa etapa apresenta uma peculiaridade política que passa a defini-la.

A autonomia da vida econômica buscada pelo capitalismo é o centro em torno do qual ele redefine sua concepção sobre as esferas que o compõem. Nas formações sociais pré-capitalistas, vimos como o político se apresentava como contrapartida de uma produção ainda não organizada em função da troca: as formas de apropriação políticas do logro e a violência funcionavam como mola propulsora dos vários sistemas. A falta de continuidade entre a produção de utilidades e de mercadorias era preenchida pelo comércio e pela política, que se tornavam o nexo entre os dois níveis.

Quando os rumos da mercadoria se imprimem a toda a estrutura social, o campo de ação do político muda: de um lado, ele continua a se ligar às formas não capitalistas de apropriação, no grau em que as condições de acumulação primitiva não tiverem sido preenchidas. De outro lado, o político abrange as relações propriamente capitalistas, nas quais a produção de classes sociais contraditórias e as dificuldades de reprodução social das relações capitalistas abrem o novo campo de relações de conflito que corresponderá ao capitalismo. No primeiro nível, teríamos os fenômenos pré-capitalistas e, no outro, os que se produzem pelo desenvolvimento do próprio capitalismo,

---

[18] György Lukács, *El asalto a la razón* (México, Fondo de Cultura Económica, 1959), p. 114. Aqui em tradução livre.

caracterizado pelas crises. A "lei do desenvolvimento desigual e combinado do capitalismo", inerente ao sistema, encarregou-se de eliminar a distância histórica entre os dois planos, fazendo de uns fenômenos requisitos de existência dos outros, sob a forma do subdesenvolvimento e/ou colonialismo e mundo desenvolvido. A "etapa imperialista" corresponde à interligação dos dois planos, fazendo os destinos do capitalismo decidirem-se cada vez mais no nível político, pois as possibilidades de reprodução do sistema fazem apelo a formas não econômicas de apropriação.

Procuramos assim encaminhar à compreensão de que, ao preço de uma crítica exaustiva e radical da concepção do que seja a política, Marx extraiu uma nova noção da política. Essa nova noção possui, da anterior, apenas o nome, já que seu objeto, os elementos que o habitam e as relações que o entretêm são totalmente outros. Falar de política marxista é abrir todo o campo das relações de estrutura dentro do capitalismo, deter-nos na sua compreensão mais radical. Vale dizer que seu entendimento passa, como momento necessário, pela crítica da política enquanto teoria e prática ideológicas. Ao mesmo tempo, o caráter ideológico dessa política tem seu fundamento obrigatório na análise do objeto da política, em todas as suas extensões. Se a política, no sentido marxista, não tem nada a ver com o *instintivo*, o *espontâneo*, é precisamente porque ela representa a consciência limite de uma estrutura que nega a política afirmando-a, e se afirma enquanto patrocina sua negação pela política. A política marxista enfeixa a síntese dessa estrutura, na medida em que acompanha os rastros da constituição de suas contradições, colocando-se então em condições teóricas e práticas de superá-las.

O BONAPARTISMO: O ESTADO NA POLÍTICA DE MARX

Introdução

No prefácio à primeira edição de *O capital*, Marx distingue o objeto central de sua investigação: "Na verdade, não se trata do grau maior ou menor de desenvolvimento dos antagonismos sociais decorrentes das leis naturais da produção capitalista. Trata-se dessas próprias leis, dessas tendências que atuam e se impõem com férrea necessidade"[1]. O interesse de Marx recai sobre "a lei econômica do movimento da sociedade moderna", independentemente do grau de desenvolvimento em que se encontram as contradições sociais inerentes a esse processo. Esse grau de desenvolvimento interveio no projeto de Marx para fazê-lo dirigir-se à Inglaterra – onde esse ritmo tinha um andamento mais avançado – a fim de recolher o grosso do material empírico de que se vale. Entretanto, interessa-lhe o lugar reservado a esse material capitalista, e as relações de produção e de troca que lhes correspondem. "O que pretendo nesta obra investigar é o modo de produção capitalista e suas correspondentes relações de produção e de circulação. Sua localização clássica é, até o momento, a Inglaterra. Essa é a razão pela qual ela serve de ilustração principal à minha exposição teórica"[2]. Como o objeto são as "próprias leis" – para além das diferentes graduações –, aos "fatos" e aos "exemplos principais" extraídos da Inglaterra fica reservado apenas o papel de "ilustração". São a referência empírica constante, sem se constituir em fundamento lógico das análises.

---

[1] Karl Marx, *O capital*, Livro I, cit., p. 78.

[2] Idem.

A *mercadoria*, como ponto de partida da análise de Marx, desempenhará papel estratégico indispensável: sendo ao mesmo tempo forma elementar da riqueza e denúncia do conceito desta em seus limites empíricos, em sua falsa concreção, a posição da mercadoria como ponto de partida indica-nos para os dois planos em que caminhará *O capital*: o da estrutura lógica do capital, das leis centrais que o comandam, e o das formas históricas de que se revestem as categorias que sustentam essa estrutura. O papel primeiro da ciência consiste na distinção e tradução das *formas de aparição* dessas categorias, na estrutura fundamental que as gerou, já que seu lugar é possibilitado pela não coincidência entre essas formas e a essência do processo. A tradução da riqueza em mercadorias nos leva, assim, de um plano a outro, esvaziando e preenchendo o conceito de *riqueza*: sua vacuidade vem de sua diluição no "imenso arsenal de mercadorias", que ao mesmo tempo lhe determina um conteúdo. Sua vida, portanto, como forma de aparição dos produtos no capitalismo, é determinada por todas as coordenadas do sistema de produção que tem na mercadoria seu definidor; a riqueza pode nos aparecer enquanto tal, autônoma, porque sintetiza, por detrás de si, na sua heteronomia em relação às categorias do capital, as leis básicas que determinam este sistema social. Aqui reside o centro motor de determinações que atrai as análises de Marx.

Obedecendo às normas traçadas nos *Grundrisse*, o primeiro passo procura desmistificar o "real imediato", o "falsamente concreto", a "totalidade viva", para abrir campo ao objeto real e possibilitar o surgimento da ciência. Descortina-se paralelamente o plano da ideologia e o do conhecimento científico. Noções como *população*, *nação*, *Estado* – sintomaticamente extraídas do vocabulário das análises políticas – tornam-se inócuas como ponto de partida, porque não designam nada como mecanismo real da sociedade moderna, mas apenas *dão nome* a regiões desse real, compostas de maneira arbitrária. As análises de *O capital* são particularmente claras a esse respeito, porque distinguem as leis que comandam o processo social, dos graus de desenvolvimento histórico em que as diversas formas de sociedade se encontram.

Quando se dirige às noções elementares com o capitalismo como ponto de partida, Marx situa-se diretamente no plano das *relações sociais de produção*, distanciando-se da problemática política que partia das *relações de homem a homem* como centro e fundamento da vida social. Esse deslocamento de perspectiva obrigará a consideração da política em dois níveis dentro do marxismo: seu lugar dentro das condições estipuladas em *O capital* para as relações de produção capitalistas, e o papel que desempenham as formações sociais concretas, que nunca correspondem precisamente àqueles requisitos.

Contudo, em ambos os planos, a ruptura das concepções anteriores sobre o objeto da política é total. O *nome* – política – sobreviverá para designar a mesma preocupação com o *poder na sociedade*; porém, esta ganhará feições diversas, a ponto de deslocar o significado da noção de *poder social*. Não haverá um objeto propriamente político: são as próprias relações sociais permeadas pela estrutura de classe que determinam imediatamente a presença do político, refletindo os mecanismos do poder na sociedade, à medida que são extensões do roteiro do capital. Neste plano, o político apresenta-se sob formas similares tanto no nível da análise do modo de produção capitalista como nas suas ocorrências concretas. A extensão dos limites políticos neste último plano ocorre a partir das questões que se põem a respeito das *passagens de um modo de produção a outro*: insuficiência de criação das condições de acumulação primitiva, como exemplo de uma ordem de questões, e problemas de esgotamento de mercado, de outro.

Esse caráter estruturado do capitalismo como objetivo único – ainda que com ritmos distintos de desenvolvimento em seu interior – torna-se menos visível nas análises mais especificamente políticas de Marx, em que a distinção salientada entre a gênese histórica e a história contemporânea do sistema parece não vigorar. A passagem das análises econômicas para *O 18 de brumário* pode ser tomada como ida daquela estrutura às suas formas de existência mais imediatas, empíricas, cuja análise já não tomasse como objetivo o capitalismo enquanto sistema, mas seus modos de se representar históricos – um nível meramente aparente, seu lugar definido no plano das relações de produção.

Essa desvalorização da política parece ganhar sustentação no fato de que, se o objeto de *O capital* não é a Inglaterra, mas as leis centrais do capitalismo, *O 18 de brumário* visa à vida política francesa diretamente como preocupação. Se a determinação do objeto da política obedecesse a critérios similares aos da análise do capitalismo, ela deveria recair não sobre uma ocorrência particular da vida política burguesa, mas sobre o *liberalismo* – esquema proposto politicamente pela ascensão burguesa.

Entretanto, partir do liberalismo, para Marx, é um procedimento ideológico que esconde as contradições em que ele mesmo se debate: para o liberalismo, o século XVIII marca, com a sociedade burguesa, a independência dos homens em relação às formações sociais em que vivem; elas passam a se apresentar aos indivíduos "como simples meio para seus fins privados, como necessidade exterior"[3]. Porém, a produção, do ponto de vista do indivíduo isolado, pressupõe o mais alto grau de desenvolvimento – e integração – social já conseguido, e, portanto, a sociedade burguesa produz a um só tempo o *animal político* da maneira mais radical no plano do desenvolvimento social, e o *indivíduo isolado*, liberado dos mecanismos sociais, na sua forma de autoconsciência. O liberalismo é, assim, produto de uma estrutura social que socializa, mais do que qualquer outra anterior, o indivíduo no nível da produção, a que mais lhe possibilita uma consciência autônoma, enquanto sujeito consumidor. Na forma particular de a ideologia refletir a dissociação entre a produção coletiva e a apropriação privada dentro do capitalismo, o liberalismo não reproduz os dois membros, mas apenas o caráter privado e aparentemente arbitrário do consumo.

O liberalismo não pode, em consequência, servir de ponto de partida, porque ele não testemunha as duas faces do mesmo fenômeno; sua capacidade explicativa depende da exteriorização dos mecanismos sociais, para que os indivíduos surjam independentes. Ele se torna impotente para dar conta dos dois momentos simultâneos do processo, porque de sua separação ele haure sua vida, seu significado. Partir do liberalismo é, portanto, já se instalar no campo cindido dessas duas figuras, deixando pra trás os fundamentos do mecanismo que as gerou enquanto fisionomias de um mesmo corpo. Como todo conceito ideológico, ele diz algo sobre o processo real, sem conseguir dizer nada sobre si mesmo; *descreve* situações reais, sem acompanhar sua constituição e seu desenvolvimento.

As características que definem o capitalismo – modo de produção fundado na troca – não nos autorizam a estipular uma forma política definida que o acompanhe. A instauração das relações de produção capitalistas solicita determinadas condições exteriores a essas relações, arroladas por Marx como os fatores da "acumulação primitiva do capital"; mas essas formas de apropriação não econômicas são solicitadas apenas como condições de instalação do sistema, não se incorporando ao seu mecanismo normal de reprodução. O mesmo ocorre com a unificação da sociedade política em torno do Estado. Uma vez dadas as condições estipuladas por Marx em

---

[3] Karl Marx, *Grundrisse*, cit., p. 40.

O capital para o funcionamento do capitalismo, essas condições políticas não necessitariam mais intervir, uma vez que foi aberto o espaço para a produção e reprodução das relações capitalistas.

As análises políticas concretas enfrentam, entretanto, um objeto distinto: as conjunturas particulares nunca reproduzem as condições estritas de um único modo de produção, compondo sempre uma conjunção de alguns deles. Isso faz com que as observações feitas acima sirvam apenas como fio condutor para as análises concretas. Por exemplo: a centralização do Estado cria as condições de unificação da estrutura social que as relações capitalistas requerem. Sua intervenção posterior dependerá das condições de reprodução daquelas relações, o que é função do grau de desenvolvimento da estrutura econômica de cada país e, antes disso, da realização das condições de acumulação primitiva. As situações políticas terão, portanto, a mesma diversidade que os graus diferentes de desenvolvimento que a estrutura capitalista produz. Por isso, as análises políticas de Marx visam sempre ao Estado sob as formas de existência anômalas em relação ao liberalismo.

Dentre essas formas anômalas, Marx detém-se mais particularmente no bonapartismo e no bismarquismo, como tipos de governo que pretendem dar autonomia ao Estado diante das relações de produção. A compreensão do mecanismo que torna possíveis esses governos denuncia os segredos das relações políticas do mundo moderno. A tarefa de dar as condições de possibilidade dessas formas de Estado burguesas desembocaria no esclarecimento da forma de se sustentar o político como nível, qual o sentido de sua existência, os limites e a forma de sua autonomia e de sua dependência.

O bonapartismo e o bismarquismo possuem em comum a dissociação entre a predominância de uma classe no nível das relações de produção e a apropriação do Estado por outra classe, não hegemônica naquele nível. Essa dissociação sustentaria a autonomia do Estado, possibilitando-lhe aparecer – em uma e outra forma política – como "unificador da sociedade acima das classes". O bismarquismo seria uma forma de Estado produzido pela aliança entre setores da nobreza rural e frações burguesas emergentes, em que estas tinham o papel dirigente, quando o modo de produção capitalista já havia se instaurado como predominante, ainda que sob forma pouco desenvolvida. Como consequência do desenvolvimento tardio das relações capitalistas na Alemanha, elas não se encarregaram de preparar a unidade nacional para a ascensão da burguesia através das monarquias absolutas, que tiveram esse papel nos países capitalistas mais avançados. Esse fenômeno foi o responsável na Alemanha pela conservação de *formas de transição* entre a Idade Média e o mundo moderno, que a fizeram caracterizar-se sempre pela crítica da democracia liberal, para além ou para aquém dela. As relações capitalistas já eram suficientemente desenvolvidas para que as instituições políticas abandonassem seu caráter medieval; porém, não se tinha desenvolvido a ponto de produzir uma burguesia em condições de se apropriar do Estado hegemonicamente. A oposição nobreza/burguesia também atenua sua força, dando cedo à revolução democrática na Alemanha um caráter reacionário, e de oposição direta ao proletariado. Como consequência, diz Lukács, na primeira parte de *El asalto a la razón*: "Em aparência, a Alemanha assemelha-se à França no seu desenvolvimento político. Mas apenas em aparência. Porque, na França, o bonapartismo representa um recuo reacionário possibilitado pela derrota do proletariado nas Jornadas de Junho e que terminará na catástrofe da qual emergirá a gloriosa Comuna de Paris de 1871"[4]. Com isso, procura demonstrar como, apesar das aproximações, apenas a França poderia funcionar como "laboratório das experiências políticas" da Europa, porque o bonapartismo representa um fenômeno mais avançado historicamente do que o bismarquismo, já que se produz diretamente sob a ameaça de uma revolução social, enquanto este se dá como forma política de transição entre a Idade Média e o mundo moderno. Detemo-nos no bonapartismo porque, em sua forma limite de "único governo possível quando a burguesia já perdeu, e o proletariado não ganhou ainda condições de governo", tem condições de tomar as contradições políticas do capitalismo em seu estágio mais desenvolvido, revelando melhor a autonomia dos conceitos políticos.

O bonapartismo seria uma forma de Estado que se sustentaria nos pequenos proprietários rurais, camada social já ultrapassada pelo nível de desenvolvimento das relações de produção francesas da época, onde a burguesia francesa marcava já sua hegemonia. A França tornou-se o objeto político concreto mais explorado por Marx, fazendo com que suas três análises mais importantes, modelos de enfoque dessa ordem, cobrissem os acontecimentos políticos franceses de 1848 à Comuna de Paris: *As lutas de classes na França de 1848 a 1850*, *O 18 de brumário de Luís Bonaparte* e *A guerra civil na França*. Daí o motivo de uma análise exaustiva do bonapartismo não somente pelo seu papel revelador do mecanismo do político para

[4] György Lukács, *El asalto a la razón*, cit., p. 35.

Marx, como também pela riqueza maior de materiais a seu respeito. A crítica da política servirá de fundamento da crítica à filosofia política.

Da monarquia à república parlamentar: deslocação da perspectiva

As análises de *As lutas de classes na França de 1848 a 1850* e de *O 18 de brumário de Luís Bonaparte* procuram demonstrar as condições históricas que tornaram possível a forma bonapartista que o Estado francês adquiriu. O interesse volta-se, sobretudo, para o *caráter autônomo* de que ele reveste o Estado; essa autonomia, no nível atomizado das instituições sociais, é a forma particular de se representar a instância específica do político. Como a função reservada a este depende do preenchimento dos requisitos iniciais de ascensão da burguesia, o primeiro passo da análise é o da caracterização da monarquia de julho, que revela o segredo do movimento que a derrubou – a Revolução de Fevereiro – e abriu campo para uma nova configuração política.

Na monarquia de julho, o Estado francês era apropriado exclusivamente por um dos setores da burguesia francesa – a aristocracia financeira. Era a forma de espoliação que acionava o capital financeiro sem obrigatoriamente se ligar à revolução das forças produtivas que definia a relação entre essa classe e o Estado. "A monarquia de julho nada mais foi que uma companhia de ações destinada à exploração do tesouro nacional da França, cujos dividendos eram distribuídos entre os ministros, as câmaras, 240 mil eleitores e seus acólitos. Luís Filipe era o diretor dessa companhia – era Robert Macaire sentado no trono"[5]. A essa apropriação do Estado só poderia corresponder uma forma de governo monárquico, já que não se produzem as condições materiais que possibilitem ao Estado a pretensão de se colocar à cabeça da burguesia como um todo. Representa o setor financeiro tomado isoladamente: sua forma de existência assegura-se apenas através da reprodução dos juros do capital, que, neste caso, sequer implica um desenvolvimento deste, mas um entesouramento nas mãos do Estado, através da elevação dos impostos. O Estado funcionava como catalisador da poupança social, que revestia em função do capital financeiro; se a função de acionador do mecanismo de acumulação de capital era desempenhada pelo Estado, o

[5] Karl Marx, *Lutas de classes na França* (São Paulo, Boitempo, 2012), p. 40.

resultado dessa acumulação era enviesado para bolsos que não arrastavam na sua expansão outros setores da sociedade. Os privilégios políticos abertos da monarquia representavam esse caráter do Estado. A burguesia industrial – e, consequentemente, os setores do comércio – constituíam-se na oposição oficial, que se tornava muito mais aguda quanto maior era o domínio que detinha sobre a classe operária. Esta, a pequena burguesia e os camponeses estavam fora do poder político.

Esse era o quadro imediatamente anterior à Revolução de 1848. Embora as relações de produção capitalistas estivessem já em grau avançado de desenvolvimento, a ponto de os interesses da burguesia industrial francesa já carregarem atrás de si, por extensão, os interesses dos demais setores da sociedade, a apropriação do Estado não correspondia ainda a essa situação. A dependência crescente do Estado em relação à aristocracia financeira, pelos empréstimos que esta lhe fazia, a juros altos, criava um mecanismo socialmente caro – agravado pelo seu papel improdutivo – que era arcado por todas as demais classes sociais, cada uma à sua forma, material e ideologicamente. "Comércio, indústria, agricultura, navegação e os interesses dos burgueses industriais estavam forçosamente ameaçados e prejudicados sob esse sistema."[6] O setor industrial, responsável mais direto pela necessidade que leva a burguesia a passar por representante geral da sociedade, pelo incremento da produção, tornava-se apêndice do capital financeiro, inversamente às solicitações do capital. A crise política não tinha suas raízes na questão formal de que havia uma distância entre o grau do desenvolvimento das relações de produção e a apropriação do Estado, ou de que apenas uma classe social exercia essa apropriação. A questão de fundo, que a cada momento determina a existência de uma crise política, advém do caráter da classe social que se apropria do Estado, em oposição ou, ao menos, em dissonância com as relações de produção vigentes. Assim, se nessa situação uma crise política interna à sociedade capitalista se esboçava, a apropriação mais tarde do Estado *em nome* dos camponeses tornou-se compatível com a dominação burguesa, devido à impossibilidade de um programa específico que atendesse aos interesses dessa camada social. Por sua vez, se a apropriação do Estado se faz pela classe operária, não só esse programa se torna possível como exclusivo em relação aos interesses burgueses em geral, colocando em xeque a sobrevivência das relações de produção capitalistas.

---

[6] Idem.

Nessa conjuntura concreta, as dificuldades que o domínio da aristocracia financeira colocava à expansão da revolução burguesa arrastavam para a oposição ao governo a maioria da população. Estavam dadas as condições para uma aliança geral contra o governo. Entretanto, o caráter dessas condições era heterogêneo em relação aos setores que compunham tal aliança. O segredo dessa unidade era exclusivamente negativo: sua polarização era dada por um eixo exterior – a monarquia de julho – visado de forma diferente por cada setor social, cujo móvel era distinto. Da parte dos burgueses industriais, tratava-se dos seus "interesses ameaçados", pois "comércio, indústria, agricultura, navegação" estavam em constante perigo; através da ameaça a essas atividades, o governo tinha igualmente contra si os operários, na luta em defesa de seus empregos. A participação da pequena burguesia fazia-se menos em torno de interesses materiais comuns do que pela "indignação" com o saque que se praticava ao Estado; finalmente, a massa do povo francês, o campesinato, rebelava-se contra os altos impostos, particularmente contra aquele que era a espinha dorsal da arrecadação estatal: o imposto sobre o vinho.

Pôde-se constituir assim *uma frente que possuía em comum um objetivo político imediato*: a derrubada do governo, mas essa frente não se sustentava em *condições econômicas comuns*, para que se produzisse um programa positivo comum. Dos setores componentes dessa frente, apenas dois são classes sociais cujos interesses materiais possibilitam um programa político que torne exequível esta frente: a burguesia industrial e o operariado. A classe operária estava ainda insuficientemente organizada, e os outros setores sociais se definem pela heteronomia em relação a essas classes, de tal forma que o campo ficou livre para o acesso da burguesia industrial ao Estado. O apoio generalizado da população, somado às condições materiais propícias – praga das batatas e más colheitas de 1845 e 1846, que propiciaram elevação maior ainda do custo de vida em 1847, e a crise geral do comércio e da indústria na Inglaterra, tendo como reflexo no continente uma avalanche de falências da burguesia e dos pequenos comerciantes – logrou a derrubada da monarquia de julho e a instalação do novo governo.

Essa distinção entre *objetivos políticos comuns* – responsáveis pela sua união – e *interesses econômicos diversos* é o ponto de partida das formas dissimuladas na aliança das classes contra a monarquia. O político aparece aqui com o papel formal de unificação, com a função ideológica dissimuladora, a respeito dos interesses de classe distintos; estes, que podem dar os limites dessa unificação, não afloram em nenhum instante, até aqui. A liderança da burguesia já se configura nesse caráter impresso ao político: o modo próprio da burguesia fazer valer seus interesses a impele à consideração abstrata do político. Porque quando combate o despotismo dos juros, combate-o em nome do capital produtivo, e não como uma forma necessária que o capital reveste.

Todas as classes sociais que se opunham à aristocracia financeira encontraram seu lugar no governo de fevereiro. Este se propunha como finalidade uma reforma eleitoral, que propiciasse uma comunidade política sólida, ampliando o número de cidadãos que se incorporam à vida política da sociedade. A república, "cuja definição cada partido reservava para si mesmo"[7], era a forma de governo unânime solicitada, em oposição à monarquia. A política, que abriu os caminhos da cristalização do poder burguês através da apropriação do Estado pela burguesia industrial, começa, a partir de agora, a ver seu conteúdo reinterpretado à luz desse poder consolidado. A república tinha um papel definido enquanto bandeira de ascensão burguesa: livrar o capital dos entraves estatais à sua circulação mais produtiva, criando-se as condições políticas para uma economia de mercado. A república adaptava-se a esse projeto, porque conseguia galvanizar as outras classes sociais aos "interesses gerais da sociedade". O político, assim, os unia, mas sob uma forma enganosa, já que introduzia uma comunidade econômica definida, o domínio do grande capital. "Em nenhum período, portanto, encontramos uma mistura mais confusa de frases altissonantes e efetiva incerteza e imperícia, aspirações mais entusiastas de inovação e um domínio mais arraigado da velha rotina, maior harmonia em toda a sociedade e mais profunda discordância entre seus elementos."[8] Os conflitos ganham o caráter de oposição entre a "harmonia", política, e a "discordância", econômica, porque, como já vimos, aquele plano conseguiu ser revestido, pela liderança burguesa, do papel ideológico de "representar a Nação".

A desaparição da monarquia constitucional marcava também a desaparição do Estado como um poder arbitrariamente oposto à sociedade. Ele ressurge dentro do papel que a revolução burguesa lhe atribuiu: unificador de todas as classes sociais. Sua identificação com a *Nação*, entendida como a *soma dos cidadãos*, unificados formalmente em torno do Estado, é o critério indispensável para o desempenho daquele papel. O *sufrágio universal* é o instrumento que legitima essa função.

---

[7] Ibidem, p. 89.

[8] Idem.

A base sob a qual se torna possível essa unificação começou com a oposição unânime à aristocracia financeira. Mas o caráter formal dessa unificação advém do fato de ela ter de se abstrair das relações de produção. À burguesia industrial não interessava, e não interessa nunca, a marginalização da aristocracia financeira; para ela trata-se apenas de lhe atribuir um papel acessório em relação aos investimentos industriais. À classe operária, por viver apenas à custa do seu trabalho, a aristocracia financeira se lhe afigura como uma outra forma de *lumpemproletariado*, como um setor totalmente improdutivo socialmente, o que a leva a se opor à sua simples existência. O interesse da pequena burguesia e do campesinato estava ligado sempre à "ordem" e à estabilidade, tanto política quanto econômica, devido à sua importância em um plano e outro. Havia, assim, justaposição de interesses comuns, voltados para a queda da monarquia. Porém, o caráter que a burguesia imprime, por sua natureza de agente do capital, levou-a a colocar, em condições de transformar esse *interesse comum* (*gemeinsame*) em *interesse geral* (*allgemeine*)[9] esses objetivos que, episodicamente, uniam politicamente as classes sociais, em objetivos permanentes e interesses da Nação. O governo instalado pela República de Fevereiro, fruto real de uma "transação entre as diversas classes", aparecia aos olhos dessas mesmas classes como representante real dos interesses gerais do país.

Essa tradução política que generalizava interesses distintos era fundamental para cobrir a lacuna entre a composição heterogênea do governo e as tarefas econômicas solicitadas pelo grau de desenvolvimento das relações de produção na França da época. Neste nível, tratava-se de "completar a dominação da burguesia", o que pedia uma entente entre todos os seus setores, inclusive a aristocracia financeira. O instrumento formalizador da Revolução de Fevereiro que, a um só tempo, possibilitava o cumprimento dessa tarefa, mas o fazia em nome dos interesses gerais da sociedade, era o *sufrágio universal*. Ao homogeneizar os indivíduos sob a forma de cidadãos, desconhecendo os papéis distintos que ocupam nas relações de produção, o sufrágio universal coloca a apropriação do Estado à mercê de *critérios quantitativos*. A "maioria da Nação" passa a definir os critérios dessa posse, independentemente do critério qualitativo que atribua condições maiores ou menores de desenvolvimento das forças produtivas a uma ou outra classe social. As próprias classes parecem esvair-se nesse processo.

---

[9] Cf. idem.

O mesmo sufrágio universal com que Lamartine acenava para se opor aos operários que, através de barricadas, reivindicavam o direito de proclamar a república, agora coloca os *proprietários nominais*, que formam a maioria da França, os camponeses, como "juízes sobre o destino da França"[10]. A Revolução de Fevereiro tornou-se necessária porque o capital industrial ainda não se havia imposto totalmente nas relações de produção, mas a burguesia industrial vale-se também positivamente dessa carência, fazendo-a instrumento seu: apoia-se nos camponeses, resquício ainda não superado da estrutura feudal, para promover essa superação, através da sua ascensão ao poder político. Daí o caráter puramente transitório da soma de interesses dos dois setores, cuja tendência inevitável é o conflito; enquanto um se prende ao passado, à defesa da pequena propriedade, outro representa os desígnios do grande capital, para o qual a pequena propriedade é um momento ultrapassado.

Contudo, a ideologia da "fraternidade", da "unidade entre as classes", torna-se vazia apenas a partir do instante em que uma classe como proletariado revela efetivamente os conflitos políticos entre as classes, a partir de sua consciência de classe; porque inicialmente aquelas expressões não deixam de ter raízes que lhe dão fundamento: para o proletariado francês, tratava-se de lutar contra as "sobrevivências feudais", e assim conseguir "o terreno para lutar pela sua emancipação revolucionária", o que o levava a aliar-se às reivindicações políticas da burguesia. Essa unidade política era perdida de perspectiva à medida que o sufrágio universal dissolvia-os sob a forma de cidadãos, homogeneizados com o restante da sociedade. E, finalmente, pela passagem de um governo do domínio exclusivo da aristocracia financeira, para outro, de representação da quase totalidade das classes sociais. Tudo isso tornou possível a ideologia da *fraternité*: "A frase que correspondia a essa imaginária abolição das relações de classe era a *fraternité*, a confraternização e a fraternidade universal. Essa idílica abstração dos antagonismos de classe, essa conciliação sentimental dos interesses de classe contraditórios, esse imaginário elevar-se acima da luta de classes, essa *fraternité* foi, de fato, a palavra de ordem da Revolução de Fevereiro. As classes estavam separadas por um simples *equívoco*, e Lamartine *batizou* o governo provisório, a 24 de fevereiro, de "'*un gouvernement qui suspende ce malentendu terrible qui existe entre les différentes classes*' [um governo que suspende esse terrível mal-entendido que existe entre as diferentes classes]"[11].

---

[10] Ibidem, p. 45.

[11] Ibidem, p. 49.

À sua forma de existência como classe hegemônica, a burguesia faz corresponder formas políticas determinadas, conforme o estágio de desenvolvimento em que se encontre. Nesse momento em que essa hegemonia se define, a necessidade de revolucionar incessantemente as forças produtivas faz com que, politicamente, seja possível *um Estado que se identifique com a nação*. A forma de *república parlamentar* torna-se produto dessa identificação, que tem sua legitimação no *sufrágio universal*: sob essas condições assenta-se a *fraternité*.

As condições do bonapartismo

Essa unidade forjada encontrou obstáculos em dois níveis: primeiramente, logo que as medidas econômicas começaram a ser postas em execução, revelou-se que a sustentação da unidade do Governo de Fevereiro não encontrava aqui nenhum ponto em comum. A própria necessidade que instalou esse governo impunha um combate vigoroso à dilapidação do Tesouro feita pela aristocracia financeira. Como contrapartida do direito de sufrágio universal, os cidadãos se viram na obrigatoriedade de pagar impostos altíssimos, que sanassem essa crise. Da mesma forma que, na qualidade de maioria da nação, os camponeses haviam se tornado os árbitros eleitorais do país, agora se viam às voltas com o reverso da medalha: recaía sobre eles o grosso do pagamento dos impostos, ao lado dos operários. "A fraternidade durou exatamente o mesmo tempo em que o interesse da burguesia esteve irmanado com o interesse do proletariado."[12]

Os conflitos também se deram em outro nível: a diversidade de frações da burguesia levava obrigatoriamente a um fortalecimento do Executivo. A Constituição ressalvava toda a soberania do Legislativo, mas "quando uma Constituição confere desse modo ao presidente o poder de fato, ela procura assegurar à Assembleia Nacional o poder moral"[13]. Assim, uma distinção similar à de Rousseau introduz-se entre o Executivo e o Legislativo, com o esvaziamento deste em função daquele. A diferença surge quando Marx traduz em termos de relações de classes o caráter desses organismos, não somente desvendando a origem dessa distinção como demonstrando que ela

[12] *Neue Rheinische Zeitung*, 29 jun. 1848, citado em ibidem, p. 63.

[13] Karl Marx, *O 18 de brumário de Luís Bonaparte*, cit., p. 44.

já se encontrava presente mesmo anteriormente ao estabelecimento desse governo; mais do que isso, é ela que salva e que torna possível esse governo. É dessa forma que Marx encara o conflito entre os interesses dos diversos setores da burguesia e de cada setor em particular, e os interesses da burguesia como um todo. Quando se leva em conta cada setor em particular, as reivindicações econômicas particularizadas impossibilitam o comportamento da classe como um todo, em torno do que lhe é essencial. O papel do Executivo decorre daí: integração política da burguesia, alçando-a ao papel de classe hegemônica da sociedade, a quem compete a estruturação de todas as classes sociais na comunidade política.

A afirmação do princípio da soberania do Legislativo, base de sustentação do liberalismo, não encontra condições reais de realização dentro da multiplicidade de setores que compõe a burguesia, a partir do instante em que os conflitos com as outras classes sociais no interior do capitalismo se manifestam. A ineficácia da afirmação da soberania do Legislativo advém do papel político de representante de toda a sociedade a que ele se propõe, e que se choca com o seu caráter de representação múltipla e fragmentada dos diversos partidos. Em suma: a soma dos diferentes partidos representados não atinge nunca a unidade estruturada das relações de produção, base da unificação da sociedade como um todo. Assim, se "a Assembleia Nacional [...] representa a nação"[14], o papel real que possui termina por ser o de representação dos diferentes setores das classes sociais, conforme tenham conseguido, a partir de seus interesses, mobilizar a massa da população. Dessa maneira, ao invés de dois organismos diferentes na forma, mas determinados pelo mesmo conteúdo, o Executivo e o Legislativo passam a se diferenciar totalmente, desde a relação que mantêm com os cidadãos. "A Assembleia Nacional eleita se encontra em uma relação metafísica, mas o presidente eleito em uma relação pessoal com a nação"[15]. O Legislativo garante a representação formal dos cidadãos junto ao Estado, enquanto o poder de fato reside nas mãos do organismo que, pelo seu caráter centralizado, tem condições de exercê-lo: o Executivo.

A contradição entre a unificação política formal que organizou o Estado em função de seus interesses, visando ao desenvolvimento da revolução burguesa, e as necessidades econômicas que a determinam particularmente

---

[14] Ibidem, p. 34.

[15] Ibidem, p. 45.

como classe, fazia com que a burguesia tivesse que se ver às voltas com uma definição em torno desse conflito, uma vez que o poder já estava em suas mãos. A questão era como considerar esse arcabouço político. A reação da burguesia foi a de se apropriar direta e isoladamente do Estado. Apagava-se, assim, a distância entre aqueles dois níveis, impondo-se a burguesia hegemonicamente tanto no plano das relações de produção quanto no da apropriação do Estado.

Se a superestrutura política deixava de apresentar obstáculos à classe hegemônica, esse nível abandonava também qualquer caráter específico. O político deixava de funcionar como tal, arrastando consigo o papel a que se propõe dentro da estrutura capitalista – o de organizar os indivíduos na qualidade de cidadãos, superpondo-os à sua existência enquanto membros de classes sociais. Neste vazio aflora a consciência da sociedade dividida em classes, cada setor chegando à consciência que lhe é possibilitada, e ameaçando as bases sociais em que se assenta o governo.

Quando a burguesia francesa se isola na apropriação do Estado, ao mesmo tempo em que garante a posse do mesmo, impede-se de consolidar seu poder sobre toda a sociedade, pois introduz uma divisão horizontal entre as classes sociais, o que coloca em xeque o Estado como órgão de toda a sociedade. Assim se representa no plano político a contradição presente no processo pelo qual, quanto mais avançam relações de produção capitalistas, mais conduzem consigo um aprofundamento das cisões entre as classes sociais. Neste instante, quando se apropria do Estado diretamente, a burguesia não distingue entre a *posse dos meios de produção* – que lhe garante o poder real na sociedade – e a *apropriação do Estado*, que já não define substancialmente o poder político; ela demonstra ainda não compreender o novo papel atribuído ao Estado dentro das relações capitalistas de produção. Ela não se apercebeu que o poder político tem, no Estado, *um instrumento a mais* para se consolidar, mas não seu critério determinante. Este reside na posse dos meios de produção. Ela não compreendeu que "a burguesia não tem rei; a verdadeira forma de seu domínio é a república", isto é, um tipo de governo *anônimo* em termos da posse do Estado, que não precisa, obrigatoriamente, estar nas mãos da classe hegemônica.

O Estado precisa corresponder às necessidades de reprodução das relações de produção. No capitalismo, à medida que a centralização social se torna elemento essencial, cuja necessidade aumenta com o decorrer da concentração de capital, essa necessidade reforça cada vez mais o papel do

Estado. Sua própria existência, portanto, impedindo a cisão da sociedade a partir de suas contradições de classes, está comprometida com os interesses burgueses. Sua forma – mais ou menos – centralizada, correspondendo – mais ou menos – às solicitações de desenvolvimento das forças produtivas, determinará um papel de maior ou menor importância no capitalismo.

Com a apropriação direta e exclusiva do Estado, a burguesia obteve uma vitória de Pirro, caindo nas malhas de sua própria ideologia: tomo o político como um plano autônomo que, para submeter-se aos seus desígnios, precisa lhe pertencer diretamente. A apropriação direta de Estado ameaçou, ao contrário, colocar em xeque seu poder social.

À medida que se impõe a necessidade de encontrar, no plano político, uma forma de existência viável para as necessidades das relações de produção, *as formas políticas clássicas passam a ser reinterpretadas à luz dessas necessidades*. Surge uma nova semântica política, isto é, uma nova ideologia que acompanha a nova fase de vida e luta da burguesia. A cristalização das relações burguesas de produção marca um momento estruturalmente novo: depois de o político abrir caminho para essa cristalização, ele se integra como um momento dessas relações, cuja lógica nova também o atingirá. As noções políticas que até aqui tinham um significado precisam agora ser iluminadas conforme uma nova ótica. Todas elas passarão agora pelo crivo de um modo de produção em que a burguesia se torna globalmente hegemônica.

Derrotados os operários, os pequenos burgueses e os camponeses, "que classe ficava, então, como fundamento de sua república? A grande burguesia". Diante disso, aquelas contradições imanentes ao sufrágio universal afloraram. Se o governo se sustentava em torno dos orleanistas e dos legitimistas, era a fração republicana da burguesia que detinha a maioria da Assembleia. Em torno dos orleanistas, agrupava-se a grande propriedade territorial, e em torno dos legitimistas, a aristocracia financeira e a burguesia industrial; a necessidade de aglutinar todos esses setores é que impunha um governo de caráter republicano. *A república tornou-se o governo representativo de todos esses setores, esvaziando o sentido da luta dos republicanos.*

O auge político dos republicanos foi marcado pela campanha contra a monarquia constitucional, na fase negativa da revolução; com a Assembleia Constituinte, eles desaparecem. Mas a república sobrevive; se antes ela valia como forma de somar maior quantidade de forças contra a aristocracia financeira, agora vale como forma de representar todas as facções burguesas junto ao Estado. E este período de transição demonstra toda a vacuidade que espera as fórmulas desde então: "O período que temos diante de nós abrange a mais variada mistura de contradições gritantes: constitucionalistas que conspiram contra a Constituição; [...] uma Assembleia Nacional que quer ser onipotente e que o tempo todo permanece parlamentarista; uma Montanha que acha a sua vocação na tolerância e que compensa as suas atuais derrotas profetizando vitórias futuras [...] uma república que nada mais é que a infâmia conjugada de duas monarquias, a da monarquia da Restauração e a da monarquia de julho, com uma etiqueta imperialista"[16]. A verdade da luta entre republicanos e monarquistas revela-se como sendo a luta entre os interesses de classes dos diversos setores da burguesia e seus representantes puramente políticos que, se tiverem eficácia até então em pregar fórmulas políticas, agora estão condenados ao abandono de sua classe, da mesma forma que ela abandona a autonomia da política. A relação que os representantes políticos de uma classe apresentam é determinada por mecânicas diferentes: eles se tornam representantes de uma classe quando sua apreensão não ultrapassa os limites que determina essa classe enquanto tal, levando-os, teoricamente, às mesmas soluções e aos mesmos problemas a que os interesses materiais e a posição social levam praticamente essa classe. Dado isso, modificando-se os horizontes dos interesses, nada mais imediato do que os conflitos da burguesia com os republicanos. Se "visto pelo prisma democrático, tratou-se durante o período da Assembleia Nacional Legislativa da mesma coisa de que se havia tratado no período da Assembleia Nacional Constituinte: da simples luta entre republicanos e monarquistas"[17], era porque seus olhos estavam viciados na luta meramente política. Isso os impediu de compreender, por exemplo, como a derrota dos republicanos pôde significar a vitória da república.

Sua fórmula era tão vazia que ela só se impôs porque, para conciliar todos os setores da burguesia, era necessário um governo sem determinação própria, que possibilitasse uma representação múltipla. "O *reino anônimo da república* era o único sob o qual ambas as frações podiam afirmar, com igualdade de participação no poder, seu interesse comum de classe, sem abandonar a mútua rivalidade". Predominou essa coligação e não a das frações republicanas, porque atrás dessa coligação se ocultava o segredo de fato do poder político: a grande propriedade territorial, a aristocracia financeira e a burgue-

---

[16] Ibidem, p. 56.

[17] Ibidem, p. 59.

sia industrial, enquanto "os republicanos burgueses no *National* não apresentavam uma grande fração de sua classe, com apoio em bases econômicas". Definiam-se estritamente no plano político, limitavam-se à pregação da república, sem perceber que ela poderia perfeitamente se compor do produto de frações monárquicas. "Eles não compreenderam que, mesmo que cada uma de suas facções, consideradas isoladamente, fosse monarquista, o produto de sua ligação química necessariamente seria *republicano.*"[18]

Sob a república parlamentar, é possível superar o governo de um setor da burguesia, para possibilitar um governo da burguesia como um todo. Thiers já havia advertido a Assembleia Nacional, "dizendo que o que menos os separa é a república"[19]. Porém, se a república consolida o domínio político da burguesia, abala seus fundamentos sociais, já que a coloca frente às classes subjugadas sem outras mediações. Ao mesmo tempo em que, em 13 de junho, a burguesia assegurou seu domínio total sobre o Parlamento, excluindo dele a bancada mais popular, tornou esse Parlamento frágil diante do Poder Executivo, de um lado, e do povo, de outro. Com essa exclusão e a supressão consequente do sufrágio universal, desenhava-se a nova forma política que o governo assumiria.

A abolição do sufrágio universal levou a novos conflitos entre orleanistas, legitimistas e bonapartistas; mas esses conflitos se autolimitavam porque sua forma de resolução – conflito direto pelo sufrágio universal – recolocava em cena as outras classes – majoritárias – que voltariam a lhes disputar o governo. E assim, apesar dos conflitos, impunha-se a cisão horizontal entre as classes sobre sua cisão vertical e, como consequência política, fortalece-se o Executivo, último instrumento capaz de ser respeitado politicamente por todo o país, uma vez desmascarado o Parlamento.

> Na sua luta contra o povo, o Partido da Ordem é forçado a aumentar de forma contínua o poder do executivo. Todo aumento de poder do executivo constitui um aumento de poder do seu detentor, Bonaparte. Em consequência, na mesma medida em que o Partido da Ordem reforça seu poder comum, ele reforça os recursos bélicos à disposição das pretensões dinásticas de Bonaparte, reforça as chances que este tem de frustrar pela força a solução constitucional no dia da decisão.[20]

---

[18] Karl Marx, *Lutas de classes na França*, cit., p. 99.

[19] Idem, *O 18 de brumário de Luís Bonaparte*, cit., p. 62.

[20] Idem, *Lutas de classes na França*, cit., p. 157-8.

Na medida em que aumenta o Poder Executivo para garantir o afastamento do povo em relação ao governo, diminui obrigatoriamente a representação das diversas classes que se coligam no governo; aumenta sua afirmação como um todo, às expensas dos interesses de cada setor.

Bonaparte sente-se com força suficiente para substituir o ministério Barrot-Falloux, representante direto dos orleanistas e legitimistas. Essa força vem da máquina do Estado que, com seus recursos materiais, cria uma camada própria: os funcionários. Mas Bonaparte vale-se também de que a própria burguesia autolimita seu poder político, para melhor equipar o Executivo na luta de classes. "A burguesia francesa foi obrigada por seu enquadramento de classe a, por um lado, destruir as condições de vida de todo e qualquer poder parlamentar, portanto, também do seu próprio, e, por outro, tornar irresistível o Poder Executivo hostil a ela"[21]. A unificação política da sociedade em torno do Estado, de requisito da luta contra os privilégios feudais e introdutor da burguesia como classe hegemônica em oposição aos senhores feudais, torna-se forma burguesa de luta contra as classes assalariadas.

O móvel fundamental da burguesia revela-se ser a sua manutenção como classe, e esta se sustenta no seu poder social, no seu lugar hegemônico nas relações de produção e na sociedade como um todo. Para tanto, de um lado ela nega suas próprias reivindicações liberais, que a impulsionariam para o fortalecimento legislativo e para reformas eleitorais cada vez mais amplas. De outro, percebe que,

> para preservar o seu poder social intacto, o seu poder político devia ser desmantelado; que os burgueses privados só poderiam continuar a explorar as demais classes e desfrutar sem percalços a propriedade, a família, a religião e a ordem se sua classe fosse condenada a mesma nulidade política que todas as demais classes.[22]

Ela percebe a hierarquia que se estabelece entre o poder social e o poder político; não só o seu poder social, a sua presença como classe, impõe-se à sua existência política na luta pela apropriação do Estado como a anulação do poder político se torna requisito indispensável de sobrevivência de seu poder social. Se foi seu poder social que a capacitou a almejar a posse do

---

[21] Idem, *O 18 de brumário de Luís Bonaparte*, cit., p. 77.

[22] Ibidem, p. 81.

Estado, esta não precisa se dar sob forma direta. Se "seu poder político devia ser desmantelado", "para preservar o seu poder social intacto", é porque a expressão "poder político" encerra em si mesma uma contradição, já que o nível político não é mais suficientemente autônomo a ponto de determinar a existência de um poder próprio. Seu esvaziamento pela estrutura social burguesa é o próprio requisito do fortalecimento do verdadeiro poder de classe: *o poder social*. Foi precisamente a ascensão da burguesia ao Estado que polarizou a luta política, e solicitou esse fortalecimento do Executivo em detrimento de sua representação política. Mas como o seu poder não existe sob a forma singularizada da posse do Estado, mas é, em última instância, o poder do capital, que se difunde através da ideologia, da existência do próprio Estado, da existência da política como forma institucionalizada de relações entre os indivíduos como cidadãos e não como membros de classes etc., seu poder social aumenta quando sua representação política diminui. Porque esta também é simplesmente um momento daquele, que não define a burguesia como classe, mas vive em função de seu poder social.

Porém, para tanto, ela depende da coincidência dos interesses de outro setor social que, a cada momento, adapte o Estado às necessidades de sobrevivência do seu poder social. Enquanto o liberalismo, como ideologia adaptada às condições de uma economia de mercado, produz os setores políticos que põem em prática uma política estatal do *laissez-faire* – e à burguesia isso é bastante –, essa separação entre posse do Estado e poder social e político pode ser preservada. Mas, à medida que as necessidades das relações de produção burguesas solicitam maior intervenção do Estado, sua forma cada vez mais centralizada já não é assumida voluntariamente por nenhum setor social que pudesse ser *representante* da burguesia. A essa necessidade corresponde apenas o poder pessoal, o bonapartismo, que nega a democracia liberal e o parlamentarismo, na mesma medida em que a burguesia nega a pequena propriedade. Os dois mecanismos são paralelos porque o bonapartismo capta sua legitimidade a partir de um jogo em torno da afirmação de princípio da propriedade privada, e o seu combate de fato pela concentração do capital.

O 18 de brumário: a ruptura

Desintegram-se o partido da ordem – soma de orleanistas e legitimistas – e a Assembleia, demonstrando a incapacidade para o exercício do Executivo por suas composições atomizadas. O papel do Estado, de organizador da nação situado acima de sua dispersão, obriga-o a existir como organismo uno, indiviso, sem sequer as distinções entre Legislativo e Executivo. Pelo próprio fato de espelhar diretamente as facções em luta na nação, o Legislativo está ao nível da divisão dessas facções. A necessidade do Estado faz com que ele só tenha sentido quando supera essa dispersão, quando aparece realmente acima da nação, não se fundando, portanto, na sua fidelidade a ela, mas em uma relação de exterioridade, em que a comanda de fora. "Diferentemente do Poder Legislativo, o Poder Executivo é a expressão da heteronomia da nação em contraposição à sua autonomia."[23] Exatamente porque essa autonomia se perde na multiplicidade dos interesses particulares, é que ela é insuficiente. A autonomia de uma sociedade civil dividida em classes, em interesses antagônicos, tornaria impossível sua existência ordenada e unificada. A existência do Estado e do nível político desempenha o papel a que são solicitados nessa sociedade, na medida em que se opuseram heteronomamente a ela.

O 18 de brumário é a concretização desse papel. Ele não é um episódio contingente na história política francesa, que representa o ato final de um longo processo político, em que o Estado caminhou cada vez mais para vestir sua nova roupagem. O 18 de brumário é o fim do desenvolvimento da centralização do poder, que teve seu início ao tempo da monarquia absoluta e do declínio do sistema feudal.

Nesse processo, o poder do Estado encampou para si os privilégios locais do sistema feudal, unificando-os e centralizando-os como convinha à nova sociedade nascente. A Revolução Francesa e Napoleão aperfeiçoaram esse processo de quebra dos poderes independentes e de unificação civil da nação. Nessa fase, todo o corpo burocrático que o Estado acumulava existia apenas a serviço da preparação do domínio de classe da burguesia. O Estado não aparecia como organismo autônomo em relação à sociedade, mas voltava-se claramente contra um sistema de interesses particular: o dos senhores feudais.

Com a Restauração, com Luís Felipe, e com a república parlamentar, o Estado assume características totalmente opostas. Vencido o sistema a que se contrapunha, a burguesia apropria-se de forma sumária do Estado, tornando--o abertamente instrumento de seus interesses. De instrumento na luta contra o feudalismo, o Estado passa agora a voltar-se contra os interesses das outras

[23] Ibidem, p. 139.

classes sociais já dentro da sociedade capitalista. Contudo, essa forma de apropriação aberta pelas classes dominantes enfraquece sua autoridade na organização da comunidade política. Daí o papel do 18 de brumário.

Somente com ele o Estado "parece tornar-se completamente autônomo". É a partir daqui que o Estado se apresenta como organismo que tem por objetivo os "interesses gerais", em oposição à privatização da sociedade civil, porém apenas traduzindo alguns dos interesses particulares desta, na linguagem política dos interesses da nação. "Todo e qualquer interesse *comum* foi imediatamente desvinculado da sociedade e contraposto a ela como interesse mais elevado, *geral*, subtraído à atividade dos próprios membros da sociedade e transformado em objeto da atividade governamental."[24] Toda a luta dos interesses particulares parece harmonizar-se magicamente sob a forma dos interesses políticos comuns; "desde a ponte, o prédio escolar e o patrimônio comunal de um povoado, até as ferrovias, o patrimônio nacional e a universidade nacional da França"[25], tudo se traveste de um manto que o distancia dos olhos dos indivíduos, os interesses envolvidos por "esta ponte", "este prédio escolar", "esta ferrovia". A linguagem política do Estado representa o toque transformador da desprivatização, da generalização dos interesses imersos na sociedade.

Esses interesses, elevados ao nível de "interesses gerais", parecem superar as contradições que os envolviam, ao retirar-lhes o caráter particularista. Assim, quanto mais autônomo parecer o Estado em relação à nação, mais essa intervenção ganhará o caráter indiscutível da representação dos interesses gerais. Daí o bonapartismo aparentar uma violência em relação a *todas* as classes sociais, igualmente subjugadas pela intervenção do Estado. "A luta parece ter sido conciliada de tal modo que todas as classes se encontram de joelhos diante da culatra do fuzil, igualmente impotentes e caladas."[26] O Estado parece ganhar uma autonomia que é conquistada em detrimento das classes. Sua sustentação parece provir exatamente do seu não apoio em nenhuma das classes, mas do fato de ter como objetivo da sua ação os interesses gerais (*allgemeins*) da sociedade.

"E, no entanto, o poder estatal não paira no ar. Bonaparte representa uma classe, mais precisamente, a classe mais numerosa da sociedade francesa:

---

[24] Ibidem, p. 141.

[25] Idem.

[26] Ibidem, p. 140.

os camponeses parceleiros [*Parzellenbauern*]".[27] Antes de tentarmos compreender melhor o significado do governo bonapartista, será necessário esclarecer a chave de sua sustentação: o fato de ele representar os pequenos camponeses. Teremos de analisar *o que significa representar uma camada social ambígua como a dos parceleiros*, para esclarecer o que significa *representar* politicamente uma classe. A partir daí é que as ambiguidades do Estado sob a forma bonapartista serão fundamentadas, propiciando-nos ver como ele pode assumir a um só tempo características tão distintas.

O esquema social do bonapartismo

Na luta que se estabelecera entre o Executivo e o Legislativo, os Bourbons apareciam como os representantes da grande propriedade territorial, os Orleans como representantes da burguesia industrial e da aristocracia financeira, e os bonapartistas procuravam falar em nome do campesinato, a maioria da nação francesa. Quando raciocinamos puramente no nível político, podemos contrapor no mesmo nível as forças políticas do partido da ordem e de Bonaparte. São forças políticas que representam setores distintos da sociedade e que, como tais, disputam a posse do Estado.

Mas a tradução dessas forças em termos de classes sociais impede-nos de homogeneizá-las como e enquanto forças de igual consistência na vida política e social. Precisamos indagar se, modificando a base social de sustentação da representação política, não se altera a própria forma de existência dessas forças políticas. Caso contrário, estaremos pensando em uma passagem sem saltos entre o lugar que o indivíduo ocupa nas relações sociais de produção e sua existência como cidadão político, sem examinar o que autoriza tal procedimento. Se as forças políticas apresentam-se como representantes de classes sociais, será o exame da forma de existência e dos interesses destas que dará o fundamento da compreensão do jogo político. Daí a necessidade de entender como o bonapartismo em particular entende a ideia de representação de uma classe social no plano político.

O governo bonapartista procura estabelecer uma nova forma de relação do Estado com os cidadãos, em que se supere a distância estabelecida entre eles através da república parlamentar. Porque procurava fazer representar

[27] Ibidem, p. 142.

todos os setores dominantes, essa forma de governo comprometia o papel imparcial que o Estado procura ter. O bonapartista busca valer-se da autonomia do Estado para fugir à dominação das classes; para tanto, alça-se por sobre o Parlamento, para procurar sustentação diretamente do "povo". Seu instrumento é o sufrágio universal.

O poder governamental

> apareceu não mais como um meio de dominação de classe, subordinado ao seu ministério parlamentar ou legislatura. O poder estatal recebera sua última e suprema expressão no Segundo Império, humilhando sob seu jugo até mesmo os interesses das classes dominantes, cuja farsa parlamentar ele substituiu por *Corps législatifs* autoeleitos e senados autopagos, sancionados em seu governo absoluto pelo sufrágio universal [...].[28]

O caráter formal da sua tarefa encontra no sufrágio universal o instrumento – igualmente formal – correspondente.

No sufrágio universal, o Estado aparenta ter o fundamento da sua existência no arbítrio das vontades individuais dos cidadãos. O "povo" é tomado como fonte de determinação política, única fonte legítima, porque é quem dá existência real à *nação*. Mas o "povo" considerado como o "real", o concreto, significa a abstração das determinações que podem dar conteúdo a essa noção: os lugares que os indivíduos ocupam no processo de produção, vale dizer, na estrutura de classe da sociedade. Sem isso, ele se torna um aglomerado caótico de cidadãos com o mesmo estatuto, da forma como o considera a perspectiva da troca. Estabelece-se a "igualdade" entre eles à custa da abstração, e não da supressão real dos papéis distintos que cumprem no processo produtivo.

Mas, ao darmos concreção real dos cidadãos e os tornarmos como membros da aristocracia financeira, da burguesia industrial ou rural, e do campesinato, essas fontes de determinação alteram esse panorama homogeneizado. Colocando-nos mais frontalmente diante do bonapartismo em particular, qual a forma de existência do campesinato que o define e diferencia dos outros setores sociais?

"Os camponeses parceleiros constituem uma gigantesca massa, cujos membros vivem na mesma situação, mas não estabelecem relações diversificadas

---

[28] Karl Marx, *A guerra civil na França* (São Paulo, Boitempo, 2011), p. 126.

entre si. O seu modo de produção os isola uns dos outros, em vez de levá-los a um intercâmbio recíproco."[29] O centro determinante desse processo está na forma particular da sua ligação com a produção:

> A sua unidade de produção, a parcela, não permite nenhuma divisão de trabalho no seu cultivo, nenhuma aplicação da ciência, portanto, nenhuma multiplicidade no seu desenvolvimento, nenhuma diversidade de talentos, nenhuma profusão de condições sociais. Cada família camponesa é praticamente autossuficiente, produzindo diretamente a maior parte do que consome e obtendo, assim, os seus meios de subsistência mais da troca com a natureza do que do intercâmbio com a sociedade. Há a parcela, o camponês e a família; mais adiante, outra parcela, outro camponês e outra família. Sessenta conjuntos desse tipo constituem um povoado; e sessenta povoados, um departamento. Assim, a grande massa da nação francesa se compõe por simples adição de grandezas homônimas, como batatas dentro de um saco constituem um saco de batatas. Milhões de famílias existindo sob as mesmas condições econômicas que separam o seu modo de vida, os seus interesses e a sua cultura do modo de vida, dos interesses e da cultura das demais classes, contrapondo-se a elas como inimigas, formam uma classe. Mas, na medida em que existe um vínculo apenas local entre os parceleiros, na medida em que a identidade dos seus interesses não gera entre eles nenhum fator comum, nenhuma união nacional e nenhuma organização política, eles não constituem classe nenhuma. Por conseguinte, são incapazes de fazer valer os interesses da sua classe no seu próprio nome, seja por meio de um Parlamento, seja por meio de uma convenção. Eles não são capazes de representar a si mesmos, necessitando, portanto, ser representados. O seu representante precisa entrar em cena ao mesmo tempo como o seu senhor, como uma autoridade acima deles, como um poder governamental irrestrito, que os proteja das demais classes e lhes mande chuva e sol lá de cima. A expressão última da influência política dos camponeses parceleiros consiste, portanto, no fato de o Poder Executivo submeter a sociedade a si próprio.[30]

A riqueza do texto para a compreensão do conceito de classes sociais dentro do marxismo, sua significação política, e a importância particular

[29] Idem, *O 18 de brumário de Luís Bonaparte*, cit., p. 142.

[30] Ibidem, p. 142-3.

que ele assume em relação à situação ambígua da pequena burguesia dentro do capitalismo, obrigaram à sua reprodução integral e à necessidade de nos determos nele. O texto centra-se nos critérios que Marx estabelece para a definição de uma classe social: comunidade de interesses, extensão desses interesses em escala nacional e a consequência que se estende para sua existência na luta política. A desclassificação dos pequenos parceleiros como classe social nos vale também como a revelação das fontes ideológicas do conceito de sociedade civil: este corresponde precisamente às relações que mantêm os camponeses entre si, incapazes de determiná-los autonomamente como classe, e tornando-os, por isso, eternos dependentes do poder do Estado.

Inicialmente, diz Marx, os parceleiros vivem nas "mesmas condições", porém, "o seu modo de produção os isola uns aos outros". A pequena propriedade da terra, como condição semelhante; a competição, a economia de subsistência e a autossuficiência na produção, como fatores de isolamento. O baixo nível técnico da produção e essa autossuficiência contribuem para o isolamento dos pequenos camponeses do resto da vida social, já que não é no intercâmbio social, mas na troca com a natureza – na exploração estrita da terra – que obtêm as condições de sua existência. Assim, são um setor da sociedade composto sob a forma da adição – do "saco de batatas" – já que não possuem interesses coletivos que imbriquem a existência de uns pequenos proprietários às dos outros, de forma a fazer a existência de uns depender da dos outros. Não havendo interesses que criem uma dependência mútua, sua existência revela-se um fato puramente local, que não ganha proporções suficientes para pesar globalmente sobre o modo de produção, para adquirir importância em escala nacional.

Dessa maneira, a existência dos pequenos camponeses como uma categoria social só tem a estruturá-la a ligações locais e formas de vida semelhantes, o que não lhes dá o caráter de classe social, no sentido rigoroso da palavra. São antes características exteriores que os fazem passar por classe, ao contrário da existência da burguesia e do proletariado, indissoluvelmente ligada ao conceito central de sistema capitalista – o mais-valor – fazendo assim com que cada um deles possua interesses não apenas locais, mas que se definem no nível global do modo de produção. Os aspectos exteriores podem mesmo não aproximar os membros de uma dessas classes, mas o eixo que determina suas existências sociais é o mesmo: o trabalho não remunerado que a burguesia extrai ao proletariado. Isso as torna classes que têm interesses a defender no plano geral do sistema produtivo, tornando-as, portanto, aptas a participar diretamente da luta política pela direção do processo social de produção.

Pelo fato de não criarem comunidade alguma e não possuírem peso específico definido, os pequenos camponeses não têm condições de fazer valer seu interesse de classe; *porque interesse de classe para eles quer dizer, primeiro, interesse individual.* São, portanto, uma camada social que solicita uma liderança exterior, uma coordenação externa, uma representação política que fale por ela. O bonapartismo atendeu a esse chamado.

Pequenos camponeses e *bonapartismo* são aparentados por duas ordens de razões distintas. A primeira delas, já encaminhada, demonstra como os pequenos proprietários rurais não têm condições de participar do plano político como uma força uniforme: "não são capazes de representar a si mesmos, necessitando ser representados". E seu representante tem de manter relações paternalistas com eles, que compensem sua impotência. Não se trata sequer de seu representante, mas de "seu senhor", o que solicita um governo anônimo em termos de classes, e com poderes totalmente concentrados. Trata-se do predomínio do Executivo sobre o Legislativo.

De outro lado, a divisão do país em pequenas propriedades tem como contrapartida a necessidade de um centro unificador político de extrema força.

> Por sua própria natureza, a propriedade parcelada se presta bem como fundamento de uma burocracia onipotente e incontável. Ela cria um nível homogêneo de relações e pessoas em toda a superfície do país. Ela também permite, portanto, exercer uma ingerência homogênea sobre todos os pontos dessa massa homogênea a partir de um centro supremo.[31]

Não se trata, então, apenas de uma necessidade dos pequenos proprietários, mas sua própria existência cria já a base material – a pequena propriedade parcelada – para que surja um governo forte, pessoal e centralizado, falando em seu nome.

Vimos como os pequenos proprietários rurais precisam de um polo estruturador externo, que os aglutine; é necessário compreender agora as possibilidades de conciliação dos interesses dessa camada com as tarefas que o Estado é solicitado a desempenhar dentro da estrutura burguesa da sociedade.

---

[31] Ibidem, p. 147.

Em suma, é preciso saber da possibilidade de conciliar os interesses dos pequenos proprietários com os da burguesia, em termos políticos.

Marx procura responder a essa questão separando o papel que a pequena propriedade teve na criação dos pressupostos históricos do capitalismo e seu funcionamento quando o sistema já é hegemônico e impõe sua lógica ao mundo de produção. Aparentemente, o problema surge como uma "traição" da burguesia aos pequenos proprietários, ou como um "logro" de Bonaparte em relação à sua base eleitoral – os camponeses. Mas esta só pode ser a ótica da história empírica, que busca sua lógica na cronologia, e não percebe como um sistema, uma vez em funcionamento, redefine o papel de seus pressupostos, implicando, portanto, uma ruptura em relação a eles. Essa ruptura ocorre quando a pequena propriedade em relação ao capitalismo e seu desenvolvimento.

O campesinato teve um papel destacado na luta contra a aristocracia rural, na medida em que "as raízes que a propriedade parcelada lançou no território francês privaram o feudalismo de todo e qualquer nutriente. Os seus marcos divisórios compunham a fortificação natural da burguesia contra qualquer ataque-surpresa dos seus antigos suseranos"[32]. Nesse instante, somavam-se os interesses comuns aos pequenos proprietários rurais e à burguesia, pois se tratava da defesa da propriedade privada, não se explicitando as diferenciações que ela poderia apresentar. Porém, o que define o capitalismo não é a simples existência da propriedade privada – forma abstrata de determinações, superada pelo esquema utilizado por Marx a partir de *A ideologia alemã*; uma vez consolidada a supremacia do capitalismo, são precisamente as diferenciações específicas que passam a contar. É o que Marx formula em termos históricos: "Porém, no decorrer do século XIX, o lugar do senhor feudal foi ocupado pelo agiota citadino, a propriedade rural aristocrática foi substituída pelo capital burguês"[33]. É assim que o próprio desenvolvimento da pequena propriedade levou à sua ruína, demonstrando sua inviabilidade econômica dentro do regime do grande capital. Com o envelhecimento prematuro da pequena propriedade, deixa de valer o raciocínio que fazia com que a determinação fundamental dos camponeses fosse a de serem *proprietários*, acrescentando como um atributo secundário o fato de possuírem *pequenas* propriedades e de serem proprietários *rurais*: "*todas as*

[32] Ibidem, p. 146.

[33] Idem.

'idées napoléoniennes' são *ideias vinculadas à parcela ainda não desenvolvida, no viço da sua juventude*, mas representam um contrassenso para a parcela já mais avançada em dias"[34]. Revela-se, assim, o fundamento social do "logro" de Bonaparte em relação aos camponeses, da sua "traição" pela burguesia: conforme a existência desta mais e mais se define pelo grande capital, a existência incompatibiliza-se crescentemente com a dos pequenos proprietários, na perspectiva do desenvolvimento econômico capitalista. Vivemos outra fase desse desenvolvimento: já não mais a de criação das condições iniciais de seu funcionamento, mas a de organização dos *mecanismos de reprodução do sistema*, para o qual a pequena propriedade tem pouco a contribuir.

Porém, no plano político, como a burguesia tem condições de preencher aquele papel de "senhor dos parceleiros", na medida em que consiga manter uma aparência neutra do Estado, um governo que fale em nome dos camponeses, ao mesmo tempo em que preponderam as relações de produção capitalistas, que os esmagam, tem de ser um governo dela, burguesia. Soma-se a isso a incapacidade que os parceleiros têm – dadas as condições sociais em que vivem – de tomar consciência de sua própria situação, impedindo-se, portanto, de diferenciar seus interesses dos da burguesia. Valendo-se, assim, da ilusão da posse da propriedade, esse governo sensibilizará os camponeses à defesa da propriedade privada; porém, na medida em que as hipotecas e os impostos arruínam a pequena propriedade, o poder da burguesia revigora-se pela canalização desses recursos. A pequena propriedade é, portanto, a base social mais segura para uma ideologia da "ordem", já que "ordem", para ela, significa sua propriedade, e esta significa sua sobrevivência. Mas quando seu líder Bonaparte fala em "ordem", trata-se evidentemente da "ordem burguesa", em nome da qual governa:

> Na condição de Poder Executivo que se tornou independente, Bonaparte sente-se chamado a assegurar a "ordem burguesa". Todavia, o segmento forte dessa ordem burguesa é a classe média. Por conseguinte, ele se percebe como representante da classe média e promulga decretos nesse sentido. Contudo, ele só é algo por ter quebrado e por continuar quebrando diariamente o poder político dessa camada intermediária. Consequentemente, ele está ciente de que é adversário do poder político e literário da classe média.[35]

---

[34] Ibidem, p. 149.

[35] Ibidem, p. 150.

A modificação do papel da pequena propriedade dentro do capitalismo possibilita essas "ambiguidades", de que se vale largamente o bonapartismo, para extrair a legitimação da sua forma de organizar o Estado. Ele joga com o fundamento econômico indefinido dos pequenos proprietários, sob o manto genérico da defesa da propriedade, da ordem, fórmula política que a burguesia utiliza para designar as condições econômicas e políticas indispensáveis à sua dominação de classe.

Essa forma de existência social, que ao mesmo tempo é atomizada; essa força política que aritmeticamente tem o poder nas mãos, mas que "tem de ser representada"; essa existência ambígua dos pequenos proprietários é o paradigma possível do conceito de *sociedade civil*. Sua existência passiva, desprovida de "espírito" e de iniciativa, seu caráter indefeso diante da vida política, ainda nos textos de juventude de Marx, eram características da sociedade civil: "Além disso, ser representado significa alguma coisa de passivo. Só têm necessidade de representação as coisas materiais desprovidas de espírito e de iniciativa, entregues aos perigos"[36]. Mas uma vez caracterizado que se trata de uma forma de existência de uma classe em particular, ainda assim, de uma classe cujo papel dentro do capitalismo não é essencial, percebe-se como é falsa a extensão de seu modo de vida a toda a sociedade. A perspectiva dos que falam em nome da sociedade civil, dos indivíduos da nação, contra o domínio externo do Estado, é exatamente a dos pequenos proprietários. Mas o caráter ideológico desse procedimento da filosofia política encontra seu correspondente na prática política através do comportamento do "democrata".

A crítica do "democrata" é mais um passo da crítica do esvaziamento de significado dos conceitos puramente políticos, da crítica da autonomia do político, a partir do momento em que a estrutura capitalista se impõe historicamente. Como defensor de um momento histórico superado – o da luta contra estruturas feudais e monarquias absolutas –, o democrata sustenta-se exatamente em uma classe cujo papel o próprio capitalismo encarregou-se de invalidar: a pequena burguesia. Premiada entre os dois grandes polos da sociedade burguesa, o trabalho e o capital, a propriedade é sua vida e sua morte. Enquanto proprietária ou candidata a tal, aceita as regras do sistema capitalista, embora a inviabilidade econômica da pequena propriedade a distancie cada vez mais, materialmente, da burguesia, e a aproxime da

[36] Karl Marx, *Die Stendischen in Preussen* (Rhz, MEGA, 31, 32, 13, 42, 1/1), p. 334.

proletarização. É este caráter de "classe de transição", que não se determina nem através do capital, nem através do trabalho, que lhe dá a ilusão de situar-se *acima* da luta de classes: "porém, por representar a pequena burguesia, ou seja, uma classe de transição, na qual os interesses de duas classes se embotam de uma só vez, o democrata tem a presunção de se encontrar acima de toda e qualquer contradição de classe"[37]. Essa abstração ilusória comanda todo raciocínio meramente político, toda oposição democracia/monarquia, nação/sociedade civil.

> Os democratas admitem que o seu confronto é com uma classe privilegiada, mas pensam que eles é que constituem o povo junto com todo o entorno restante da nação, que eles representam o direito do povo, que o seu interesse é o interesse do povo. Por conseguinte, não teriam necessidade de verificar, na iminência de uma luta, os interesses e posicionamentos das diferentes classes. Não teriam necessidade de sopesar com todo cuidado os seus próprios meios. A única coisa que precisariam fazer era dar o sinal para que o povo se lançasse sobre os opressores com todos os seus inesgotáveis recursos. Mas quando, no momento da ação concreta, os seus interesses se revelam desinteressantes e o seu poder se revela impotente, atribuem esse fato ou a sofistas perniciosos que dividem o povo indivisível em diversas frentes hostis ou ao exército que estava por demais abestalhado e ofuscado para compreender os fins puros da democracia como a melhor coisa para si mesmo, ou tudo falhou em algum detalhe de execução ou então algum imprevisto pôs a perder essa rodada do jogo. Como quer que seja, o democrata sai da derrota mais vergonhosa tão imaculado quanto era inocente ao nela entrar, agora renovado em sua convicção de que ele deverá triunfar, não de tal modo que ele próprio e o seu partido tenham de renunciar ao seu velho ponto de vista, mas, ao contrário, de tal modo que as condições amadureçam no sentido por ele pretendido.[38]

À ausência de papel fundamental dentro das relações de produção corresponde uma visão artificial do processo social. Exatamente o político, que revela o nível mais abstrato de relações quando tomado isoladamente, é aquele em que a pequena burguesia e o democrata se atiram com unhas e dentes. São as vítimas maiores de heteronomia do político – ao lado do

---

[37] Idem, *O 18 de brumário de Luís Bonaparte*, cit., p. 67.

[38] Ibidem, p. 67-8.

filósofo político – e sua luta quixotesca torna-se instrumento fácil nas mãos das outras classes sociais, particularmente nas mãos da burguesia, porque essa crença na ação política leva consigo a sanção à autonomia do político, que o capitalismo propõe: o democrata move-se não no nível das classes sociais, mas no dos "indivíduos", não no plano das relações de produção, mas no da "comunidade política", do "povo", da "democracia", da "nação".

Percebe-se melhor, assim, o que significa um Estado que representa os pequenos proprietários. O destino da pequena propriedade dentro do capitalismo propicia uma situação dúbia a essa camada social, com a qual joga o bonapartismo. A sua base econômica – a pequena propriedade – tem um ritmo rápido de superação dentro das relações de produção capitalista, que não é acompanhado pelo desenvolvimento ideológico dessa camada, que permanece aferrada ao princípio da propriedade privada. O bonapartismo vale-se disso para, em nome da propriedade, quebrar quotidianamente o poder da pequena propriedade. Ele fala em nome da "juventude" do capitalismo, e age conforme a mecânica do sistema já instalado, conforme a lógica do capital, e não da mera e simples propriedade.

As metamorfoses do Estado

Para Marx, esta não é uma forma contingente de Estado, mas significa o final de um processo de centralização do poder, de interiorização da comunicação burguesa à estrutura social, paralela ao desenvolvimento das necessidades de reprodução do capital no interior do modo de produção. As passagens que marcam esse caminho são, portanto, modeladas por uma necessidade heterônoma que escapa tanto aos "democratas" quanto aos filósofos políticos, e a setores sociais que, materialmente, têm essa perspectiva, como os pequenos proprietários rurais. Os momentos mais importantes dessa evolução do Estado – se considerarmos a análise de Marx sobre seu desenvolvimento na França – são:

a. A monarquia de julho representou uma apropriação privilegiada do Estado pela aristocracia financeira, possibilitando uma oposição conjugada de todas as outras classes sociais. Porém, essa oposição não é unificada, mas se faz também enquanto classes com interesses distintos, cuja unidade é dada apenas na oposição a esse governo.

b. A monarquia de julho demonstra a incapacidade da aristocracia financeira passar por representante geral da sociedade: sua forma particular de existência – os juros – sob sua forma isolada, é socialmente improdutiva, o que a impede de patrocinar os interesses de outras classes sociais.
c. A existência de uma distância entre as relações de produção capitalista, já predominantes na França, e a apropriação do Estado por um setor secundário dentro da burguesia: o capital financeiro. Dentro do capitalismo, a este é reservado um papel complementar em relação ao capital industrial, motor central de propulsão do sistema, através do mais-valor. Aquela apropriação tinha consequências no plano das relações de produção, na medida da influência direta do Estado no processo de redistribuição da renda – e do poder – na sociedade. O Estado, vítima de uma espoliação profunda, transfere-se às outras classes sociais através dos impostos crescentes.
d. Nesse tipo de governo, o Estado aparece claramente como instrumento particular de uma classe, que o coloca em oposição aos interesses da sociedade. A forma de apropriação econômica da aristocracia financeira tomada isoladamente, sob a forma da espoliação do Estado, não condiz com relações jurídicas de igualdade, pois estas pressupõem a troca de equivalentes no mercado, e aquela se dá sob forma ociosa, lateralmente ao processo produtivo. Daí terminar encontrando oposição generalizada da sociedade.
e. Essa oposição soma interesses economicamente distintos, que se conciliam em uma "harmonia aparente" no nível do político, cujo caminho é o do esvaziamento, à medida que essa coligação se instala no governo.
f. A Revolução de 1848 representa a cristalização do capitalismo na França, pela hegemonia do capital industrial que vai passar a coordenar as outras classes sociais em torno de si. Para tanto, ele vai encontrar no bonapartismo um modo de conciliar sua predominância nas relações de produção com uma forma de convivência com as outras classes sociais. *Trata-se de anular o seu poder político para sobreviver como poder social*, o que se torna possível porque o mecanismo de sobrevivência do capital – o mais-valor – é uma forma de exploração interna às relações de produção, o que libera o plano político da necessidade de uma dominação burguesa direta.

Fica então caracterizado que *a lógica mais importante que comanda a compreensão do papel do político no mundo moderno é a que distingue claramente entre os momentos históricos em que a burguesia luta pela sua hegemonia sobre as relações feudais e o momento a partir do qual o capitalismo se instaurou como estrutura social predominante.* As formas de existência solicitadas ao político nesse segundo momento serão determinadas pelas condições em que aquela primeira etapa foi vencida. Em outras palavras: *as condições de acumulação primitiva obtidas pela burguesia na luta contra os privilégios feudais solicitarão uma intervenção maior ou menor dos mecanismos políticos no novo esquema das relações de produção.* As estruturas e o campo de ação possível no interior do qual se darão as condições de reprodução do capital serão, a partir dessas condições primitivas, o *motor* de compreensão dos fenômenos políticos, em geral, e do papel do Estado, em particular.

O político era assim, inicialmente, um instrumento através do qual a centralização do poder permitia a quebra dos privilégios locais do feudalismo, auxiliando a introdução das condições que possibilitaram o desenvolvimento capitalista. Porém, Marx distingue a ruptura com esse papel no momento em que a instauração das relações de produção capitalistas como predominantes introduz consigo a possibilidade de uma cisão vertical na luta entre as classes; a oposição específica que a burguesia enfrenta da parte da classe operária e dos camponeses solicita uma roupagem nova do Estado. Na luta contra os privilégios feudais, o simples caráter de órgão centralizador já o tornava instrumento apto, tendo em vista o caráter das relações sociais a enfrentar. Quando se trata de enfrentar as classes sociais já tipicamente capitalistas, o papel do Estado tem obrigatoriamente de mudar. A recomposição das classes, alterando o objeto da luta, implica a modificação do próprio instrumento. A imparcialidade buscada pelo Estado bonapartista visa a atender a esse novo caráter das relações de classe, demonstrando que as formas políticas clássicas do liberalismo não correspondiam à fase de cristalização do capitalismo, mas ao momento de sua ascensão e instauração. *O Estado bonapartista corresponde à fase da hegemonia em que, ao reproduzir de forma multiplicada suas relações de produção, o capitalismo superou o Estado liberal.* As bases materiais dessa superação – que a fizeram "ir da realidade aos livros, e não vice-versa" – foram a passagem da pequena à grande propriedade, e as contradições de classe mais agudas que isso envolve.

Ao buscarmos captar as transformações políticas que refletem alterações mais profundas da estrutura social – e que, portanto, não são apenas recomposições secundárias na vida social – pode-se dizer, genericamente, que Marx nos fornece as seguintes indicações mais importantes:

a. Há uma forma tradicional de apropriação do Estado pela burguesia, que é a república parlamentar; ela corresponde à fase de luta da burguesia pela instauração das relações capitalistas de produção, quando o inimigo enfrentado é o feudalismo ou o absolutismo. A estes se contrapõem os esquemas do liberalismo e da filosofia do século XVIII em geral.
b. Porém, uma vez vencida essa etapa, a república parlamentar cria um abismo entre as classes possuidoras – que conseguem representar-se de maneira multiforme junto ao Estado – e o restante da sociedade. "Se a república parlamentar, como dizia o senhor Thiers, era "a que menos as dividia" (as diversas frações da classe dominante), ela abria, por outro lado, um abismo entre essa classe e o corpo inteiro da sociedade situada fora de suas parcas fileiras"[39]. Isso significa que, se a república parlamentar preenche as necessidades de representar os diversos setores das classes dominantes, essa tarefa é atendida à custa do distanciamento do Estado em relação às outras camadas da sociedade. Ela torna o governo "uma assembleia das classes dominantes", preocupando-se mais com as possíveis cisões verticais na sociedade, através de uma coordenação eficiente das classes no poder. Entretanto, na medida em que ela representa uma relação mais significativa entre as classes e o Estado, dá a este uma transparência imediata em termos de privilégios de classe. A representação política simultânea das classes dominantes e das outras classes sociais faz com que o Estado, sob essa forma, pague o preço do distanciamento em relação às outras classes sociais. Enquanto aparece essencialmente como representante das classes dominantes, o Estado não preenche todo o seu papel, já que a unidade política da sociedade não engloba todas as classes sociais. Pela aproximação muito estreita entre a estrutura econômica e social e o Estado, aquela própria estrutura se vê ameaçada pelo abismo social que se estabelece. Vemos assim como ao Estado não compete apenas o papel de coordenador das classes no poder, já que essa tarefa se cumpre plenamente na república parlamentar, e esta demonstra insuficiências em relação às funções do Estado. Existe, portanto, uma distância entre os interesses das classes dirigentes – enquanto classes – e as funções que a estrutura social capitalista solicita ao Estado.
c. Marx aponta o bonapartismo como uma forma historicamente superior de apropriação do Estado pelas classes dominantes. O bonapartismo é

---

[39] Karl Marx, *A guerra civil na França*, cit., p. 55.

uma forma de governo que ressalta a relativa autonomia que o Estado preserva, dando-lhe possibilidade de surgir como verdadeiro unificador da sociedade como um todo; sua meta é realizar "a unidade de todas as classes, fazendo reviver para todos a ilusão da glória nacional". O bonapartismo representa outra forma de apropriação do Estado. Já não se trata de uma integração das classes dominantes onde os interesses destas se compõem com os do Estado, sob a forma do corpo legislativo. O bonapartismo, ao contrário, enfatiza a tarefa de "unificação de todas as classes". Para que esse papel propriamente político se realize, é necessária uma nova forma de apropriação do Estado pelas classes dominantes: uma dominação mediada por uma forma de governo com predominância do Executivo sobre o Legislativo, aparentemente acima do corpo social, fora da sociedade. Ele representa, assim, uma aparente abdicação do poder político pela burguesia, quando se trata apenas de abandonar a posse direta do Estado, o que não só não lhe retira o poder político na sociedade como se torna requisito de sua manutenção. O bonapartismo, de um lado, é uma necessidade a que a burguesia tem que se submeter. "A burguesia, pelo visto, não tinha outra alternativa senão eleger Bonaparte."[40] "Na realidade, ele era a única forma de governo possível em um momento em que a burguesia já havia perdido e a classe operária ainda não havia adquirido a capacidade de governar a nação."[41] Mas, de outro lado, essa necessidade é solicitada pela sua própria preservação no poder.

Como forma de governo, ele é fruto, em geral: 1) da incapacidade das classes no poder de assumir as funções políticas como representantes do conjunto da classe dominante e em nome da sociedade; 2) da divisão e equilíbrio relativo entre os grupos dominantes. Criam-se, assim, as condições tanto da personalização do poder quanto da aparição da imagem da soberania do Estado. Nessa situação, as "massas", no seu sentido genérico, são a única "força social" possível de sustentação para um poder pessoal autônomo, e a única fonte possível de legitimidade para o próprio Estado. Eis por que a compreensão do caráter do governo bonapartista nos desloca obrigatoriamente para as relações de força entre as classes, conforme elas se dão nas relações gerais na sociedade.

---

[40] Idem, *O 18 de brumário de Luís Bonaparte*, cit., p. 150.

[41] Idem, *A guerra civil na Franca*, cit. p. 56.

O bonapartismo deve necessariamente ser uma forma dúbia de governo, pois sua pretensão é, ao mesmo tempo: 1) "salvar a classe operária destruindo o parlamentarismo e, com ele, a indisfarçada subserviência do governo às classes proprietárias"[42], bem como 2) "salvar as classes proprietárias sustentando sua supremacia econômica sobre a classe operária"[43]. Trata-se de um "governo de salvação nacional", em que o termo salvação opera em dois sentidos diversos: salva-se a classe operária no plano político, subtraindo o Estado à submissão econômica direta da burguesia; salva-se a burguesia economicamente, à custa de uma integração política das outras classes na vida do Estado. As relações políticas são reafirmadas como as que fundamentam toda a relação social, com o *político* tomado sob a forma da abstração das modificações nas relações de homem a homem. Uma vez operada a "emancipação política" de todos os indivíduos, dissolvem-se sua divisão em classes, e todos se reencontram na qualidade de cidadãos, libertos e em condições de igualdade para se enfrentarem em situação idêntica no mercado.

Não só o político é tomado como o estruturador das relações entre os homens, como isso se dá pelo esvaziamento e a postergação das relações de produção, tomadas como *outro* nível. Justapõem-se as relações econômicas e políticas, estas determinando automaticamente a existência social dos indivíduos, e preparando suas condições de seres sociais. A dubiedade do bonapartismo vem do exercício de má-fé que pratica com as estruturas que o sustentam: ele joga com a passagem de um nível a outro – do econômico ao político, e vice-versa – afirmando, ao mesmo tempo, a sociedade como uma unidade bem estruturada. Pela afirmação da "autonomia" do político, como forma de solapá-la, criam-se as condições para a existência dissimulada do Estado.

A essência da possibilidade de "se dissimular" implica sempre a unidade de uma estrutura e de uma dupla atividade no seio da unidade, tendentes à manutenção e a não revelação. O Estado aparece como a unidade da estrutura, as relações políticas e econômicas como as atividades duplas no seio da unidade. Mantém relações complementares na sua essência, mas exclusivamente na sua atividade imediata. Ao Estado compete afirmar sua identidade conservando suas diferenças; é preciso afirmá-las reciprocamente para que, quando nos deparemos com uma, encontremo-nos bruscamente em face da outra. No funcionamento

[42] Ibidem, p. 56.

[43] Idem.

cotidiano do sistema, ele não poderia ter relações de aparência/essência, o que liquidaria seu caráter duplo, seu papel e, sobretudo, o papel do Estado.

Para que essa má-fé seja possível, é preciso que o princípio de identidade não seja um princípio constitutivo da estrutura. E a própria ideia de "representação política" implica sempre uma denúncia da dualidade: se eu me represento politicamente, não existo aí como presença real, direta; de outro lado, a "representação econômica" é impossível: aqui eu existo concreta e imediatamente como produto ou propriedade.

O bonapartismo reveste o Estado, assim, de um apropriamento político, realizando da maneira mais completa possível a dissociação entre o homem enquanto produtor privado e enquanto cidadão político abstrato, para a qual o Estado moderno foi criado. *Se o capitalismo revela a verdadeira essência do Estado, ao dilacerar essas contradições ao máximo, é o bonapartismo que a realiza em seu mais alto grau, consagrando as tarefas específicas do político. O bonapartismo revela-se, assim, como a verdade histórica de todas as formas anteriores de Estado*. E a burguesia pode ser a portadora dessa forma acabada de alienação política, porque o seu tipo próprio de exploração lhe é propício: "a burguesia não tem rei; a verdadeira forma do seu domínio é a república". Vale dizer: seu domínio não precisa se dar pela posse direta do Estado; a própria forma de constituição das relações sociais de produção – da qual o Estado é a expressão – reserva-lhe o papel hegemônico. Por isso, a burguesia não apenas é obrigada – em determinados momentos –, mas *pode* se valer de um governo como o bonapartismo, forma política anônima em termos de classe.

d. O Estado revela, então, que só existe sob a forma de dissimulação, porque representa *a unidade fictícia de uma multiplicidade*. Representa *a sociedade, a nação, os interesses gerais dos indivíduos*, abstrações intelectuais sem determinações reais. É o Estado de uma sociedade dividida em classes; isto é, ainda que não seja apropriado diretamente pela classe hegemônica na sociedade, sua própria existência introduz uma forma de *unidade*, de *harmonia*, de *ordem*, que dissimula as relações entre as classes no processo de produção. As definições em torno do Estado tornam-se, pois, o reflexo seguro da posição das classes em relação à sociedade burguesa. Porque o Estado não *se mantém*, ou ele existe, e este é um fator suficiente para seu reforçamento, ou ele tem sua existência solapada por alguma forma de negação de todas as relações capitalistas. Como sua existência está comprometida com essas relações de produção, a apropriação do

Estado – tal como ele existe sob o capitalismo – pela classe operária não faz sentido: "a classe operária não pode simplesmente se apossar da máquina do Estado tal como ela se apresenta e dela servir-se para seus próprios fins"[44]. Como representante dos interesses gerais reais da sociedade, a classe operária transforma a tomada do Estado, pois no mesmo ato mina a própria necessidade que até aqui sustentara e dera vida ao Estado: isto é, "o primeiro ato no qual o Estado aparecerá como o representante real de toda a sociedade – a conversão dos meios de produção em propriedade social – será seu último ato independente enquanto Estado"[45]. Apropriação do Estado pela classe operária significa, assim, obrigatoriamente, apropriação dos meios de produção pela sociedade como um todo. Como o Estado é, ele mesmo, o autor desse ato, durante o período de ditadura do proletariado, ele não *é abolido*, mas prepara sua autodissolução.

O Estado pode passar de instrumento na luta contra os privilégios feudais a instrumento a serviço do capital contra o trabalho, porque sua determinação essencial foi mantida: o caráter de organismo de uma unidade fictícia, *formal*, da sociedade. Mas, como instrumento particular de dominação, ele é incompatível com uma classe cujos interesses particulares coincidem com os interesses gerais da sociedade. A primeira forma de governo da classe operária preocupou-se, antes de mais nada, por isso, com a apropriação e destruição dessa máquina.

A luta da Comuna de Paris aparece então aos olhos de Marx como um momento novo na história: já não são lutas que se operam no interior da vida política tradicional, mas agora seus próprios limites são contestados, pelo questionamento do papel do Estado. "Não foi uma dessas lutas mesquinhas entre as formas executivas e a forma parlamentar do domínio de classe, formas que de fato se confundem, já que a forma parlamentar não é mais que um apêndice enganoso do Executivo".[46] E este caráter revelava-se já na primeira das medidas que Marx salienta: "A Comuna devia ser não um organismo parlamentar, mas um corpo ativo, executivo e legislativo ao mesmo tempo"[47]. A Comuna toca aqui em um aspecto crucial do Estado moderno, que a filosofia política não havia conseguido resolver. A divisão dos poderes, as relações entre o governo e

---

[44] Ibidem, p. 54.

[45] Friedrich Engels, *Anti-Duhring* (Paris, Editions Sociales, 1966), p. 196.

[46] Ibidem, p. 43.

[47] Idem.

a soberania, a possibilidade de representação da soberania, as formas de relação entre Executivo e Legislativo, encontraram sua solução radical na Comuna, a um só tempo órgão consultivo e ativo, executivo e legislativo, força e vontade, representante e agente direto de toda a sociedade. A oposição entre a Comuna e a coligação de bonapartistas, orleanistas e legitimistas é apresentada por Marx como a oposição entre a "verdadeira sociedade" e sua unidade artificial:

> O que Paris quer é suplantar essa centralização – que prestou seu serviço contra o feudalismo, mas tornou-se a mera unidade de um corpo artificial, constituído de gendarmes, exércitos vermelhos e negros, a reprimir a vida da sociedade civil real, pesando sobre ela como um pesadelo e dando a Paris uma "onipotência aparente" ao fechar suas portas para as províncias –, substituir essa França unitária que existe ao lado da sociedade francesa pela união dessa própria sociedade mediante sua organização comunal. [...]
>
> O que Paris quer é romper esse sistema unitário artificial por ser ele o antagonista da verdadeira unidade viva da França e um simples meio de domínio de classe.[48]

Quais as formas de substituir a unidade artificial pela sociedade verdadeira, a unidade formal, exterior à sociedade, pela própria sociedade? A primeira delas é a dissolução da dualidade Executivo-Legislativo, projeção da passividade do corpo social diante da atividade de um organismo exterior: o Estado.

Na sequência da destruição do caráter classista do Estado, alinhavam-se: supressão do exército permanente – fruto do monopólio da violência pelo Estado – e sua substituição pelo povo em armas; extinção da burocracia, como corpo social autônomo, que vivia em função dos "interesses do Estado"; restrição do poder ideológico do clero, como grande associado do sistema. O caminho era o da transformação do Estado em um organismo uno em relação à sociedade, e unificado em seu interior, isto é, determinando com a divisão do trabalho que se estendeu das relações sociais até seu interior. Mas terminar com o caráter de unidade externa à sociedade que o Estado desempenha e acabar com suas dualidades internas que lhe possibilitam passar ao mesmo tempo por unificador das classes possuidoras e unificador da sociedade é eliminar as funções para as quais o Estado foi chamado à cena histórica. Trata-se, em outras palavras, de realizar de fato as tarefas, que, inconclusas, davam ao Estado seu papel – sua realização representa a morte do Estado.

---

[48] Karl Marx, *A guerra civil na França*, cit., p. 143.

e. O bonapartismo, como forma superior de apropriação do Estado pela burguesia, em que o caráter do Estado de unificador acima do corpo social é desenvolvido ao extremo, revela-se como a verdade do Estado burguês. O papel a que o Estado como instituição foi outorgado dentro da estrutura capitalista é desempenhado o mais rigorosamente possível pelo Estado bonapartista. É ele quem melhor concilia o favorecimento econômico direto das classes possuidoras com a manutenção da ordem, requisito indispensável do funcionamento das relações burguesas de produção.

Por sua vez, para Marx, o Estado capitalista é o que realiza da maneira mais profunda as tarefas que o Estado esboçou como suas através dos diferentes tipos de sociedade. É a anatomia do Estado moderno que serve de chave para as formas anteriores de Estado. Porque é aqui que se delineia mais claramente um objeto definido para o político como nível autônomo de relações sociais. Na medida em que eleva às suas culminâncias à dissociação entre o papel privado do indivíduo e seu comportamento como cidadãos políticos, distingue mais nitidamente do que qualquer sociedade anterior, a comunidade política se constituindo autonomamente. Vimos como isso se dá com o esvaziamento do peso das relações políticas dentro da estrutura capitalista e, assim, como a realização da política – através de sua autonomização – é o mesmo movimento de denúncia de sua efetividade. O Estado capitalista e as relações políticas dentro do funcionamento da estrutura capitalista são as formas políticas desenvolvidas que servem de chave para a explicação do nível político em todos os planos. O momento em que eles amadurecem suficientemente, a ponto de colocarem – através da Comuna de Paris – sua dissolução na ordem do dia, é aquele em que se revela o segredo do Estado e da política. Aqui, o Estado e a política são a verdade do Estado e da política em todas as formas sociais anteriores; o momento de sua destruição é o momento mais profundo de sua verdade.

É nessa direção que devemos tentar esboçar a revisão que o marxismo propõe da filosofia política anterior. Da mesma forma que a análise do capital é, ao mesmo tempo, a crítica da economia política, a análise do nível político nos dá as coordenadas para a compreensão, em Marx, do papel da filosofia política: seus limites, seus fundamentos e sua ideologia.

Estado e classes

O interesse que Marx dispensa ao bonapartismo justifica-se, assim, pelo fato de ele conter em si, como fenômeno político, os segredos mais importantes à compreensão do político como nível de relações sociais. O Estado bonapartista desempenha esse papel ao mesmo tempo em que é a forma do Estado que melhor cumpre as tarefas que favorecem a burguesia. E, no entanto, aparece como entidade acima das classes sociais. Ele consegue, simultaneamente, cristalizar sua dependência das relações de produção, afirmando sua autonomia. Neste jogo entre as relações de produção e o político, a dependência e a autonomia, reside o caráter dissimulador que define o papel do Estado bonapartista. O segredo da autonomia da política revela-se residir na sua dependência, na sua autonomia, possibilitada pelo esvaziamento do político no capitalismo. Para que se entenda como o Estado pode assumir, ao mesmo tempo, esses papéis contraditórios, é preciso esclarecer tanto o caráter de dependência como o de autonomia que ele assume, ou seja, tanto a forma do Estado de se relacionar com as classes dominantes como a ideia e a força de *poder político*.

A interpretação corrente do caráter de classe que Marx atribui ao Estado toma as formas simplificadas, de uso programático, de Marx, Engels e Lenin, pelos conceitos teóricos que sustentam o caráter classista do Estado. Parte-se da formulação de que "o Estado é o instrumento da vontade da classe dominante", omitindo-se todas as mediações que esclarecem o lugar social preciso dessa definição. Os múltiplos aspectos do poder do Estado encontrariam seu unificador na vontade da classe dominante. Assim, essa interpretação pressupõe:

a. a existência de uma vontade unificada que exerça o poder do Estado como seu instrumento;
b. a ausência de frações distintas nessa unidade, que possibilitem diversidade e conflitos dentro da classe dominante;
c. a manipulação da superestrutura política como instrumento sem consistência própria e imediatamente amoldável aos interesses da classe dominante.

Nessa forma voluntarista de conceber a ação do Estado, toma-se a dominação em última instância do econômico sem quaisquer mediações: a classe dominante subjuga à sua vontade os mecanismos da estrutura capitalista. É a partir desse polo de referência que se iluminariam todas as relações sociais. A própria ideologia torna-se assim impostura, uma simples mentira, de que se vale essa classe para cristalizar seu domínio social.

Essa visão unilateral reforça a relação entre o Estado e a classe dominante, em detrimento das relações que o Estado mantém com o conjunto da sociedade. Quando esse papel é relegado, o caráter específico do Estado e da política se esconde; o papel que possuem de referência a *toda a sociedade* e que justifica sua existência social. Enquanto as relações de produção privatizam os indivíduos, desligando a força de trabalho do seu produto e, dessa forma, atribuindo-lhes funções que não se ligam ao destino geral da sociedade, o político visa traduzir essas relações privadas sob a forma de "interesses gerais" da sociedade. A relação que o Estado mantém com a sociedade não se entrosa com a que ele mantém com as classes nessa visão; elas se hierarquizam de maneira rígida, em que a única relação real é a segunda, da qual a primeira é apenas uma aparência enganosa. Então, o plano político fica reduzido, simplesmente, a uma visão falsa, e a ideologia, a uma mentira.

Não se compreende, a partir daí, a diferença específica com que o bonapartismo reveste o Estado, distinguindo-se das outras formas de governo; não se explica como o nível político possa ter uma mecânica própria que constitua um governo diante do qual todas as classes parecem igualmente se curvar. Quando nos aprofundamos nessa mecânica própria ao político é que percebemos como são incompatíveis entre si a compreensão do bonapartismo e a concepção do Estado meramente como vontade da classe dominante. Se o Estado bonapartista não conseguisse se revestir aos olhos dos proprietários rurais, da classe operária e da pequena burguesia urbana como seu salvador, por retirar o Estado do domínio direto das classes possuidoras, ele não poderia se apresentar como o "governo de união nacional", "representante dos interesses gerais da sociedade". O Estado bonapartista realça exatamente as relações do Estado com a nação, a sociedade, a generalidade, procurando encarná-las. Se ele pode, ao mesmo tempo, ser o melhor governo possível para a burguesia, embora apareça como governo de todas as classes e de nenhuma, é porque essa "nação" e essa "generalidade" são constituídas de maneira viciada. O Estado se vale do apoio de uma camada social que não se constitui como classe – os camponeses, a maioria da nação –, porém que ocupa um lugar determinado na produção para que possa fazer valer seus interesses; isto é, a nação, como soma de indivíduos, não reduz os mecanismos das relações de produção, mas se constitui pela posição dos homens desligados de seu papel nessas relações. É esse caráter viciado que liga indissoluvelmente o conceito de nação à ideologia burguesa, e possibilita a essa classe um governo do tipo bonapartista. Omitir essa mediação é não entender as distinções que o bonapartismo possui em relação aos outros tipos de Estado, e, mais ainda, negar o papel próprio do Estado e do político. É não atribuir concreção real alguma às formas ideológicas.

A tarefa a que Marx se propõe nas suas análises do bonapartismo é a de desmascarar o caráter de classe de um governo que se pretende estar acima dos interesses privados. Porém, a demonstração de Marx é tanto mais evidente quanto ele justifica ao longo dela como a aparência de Estado de todas as classes é uma ilusão, mas uma ilusão bem fundada, que surge efetivamente como a verdade do sistema para quem não assume o ponto de vista da produção. A partir daqui é que a intenção de desmascarar as ideologias se prolonga na compreensão de suas raízes materiais. É preciso ressaltar, pois, que o Estado bonapartista não rompe seus laços com os interesses das classes dominantes, antes é solicitado por eles; e que, de resto, seu próprio caráter de imposição da "ordem" já o revela. No entanto, sua diferença em relação à república parlamentar, por exemplo, advém do fato de ele dissimular essas relações através da sua tradução em nome dos "interesses gerais da sociedade", apoiando-se no caráter dúbio dos camponeses, defensores e vítimas da propriedade privada. Se o governo bonapartista é dúbio e dissimulador, é porque ele encontra as raízes que tornam possível esse jogo nas próprias relações entre as classes sociais, bem como na oscilação entre as relações de produção e o dever-ser social, expresso no nível da superestrutura.

O Estado bonapartista é um Estado de classe, para Marx, bem como todos os tipos possíveis de Estado. Porém, *Estado de classe quer dizer Estado de uma sociedade dividida em classes*; nesta se encontram as raízes do seu caráter classista, como também do fato da cultura, do direito etc. marcarem-se pela ideologia. A expressão "instrumento das classes dominantes" só tem sentido quando explicita dessa forma. Porque não se identificam sumariamente "interesses das classes dominantes" e comportamento do Estado; este representa o produto de uma relação com a totalidade das relações sociais, isto é, o Estado representa a relação dos interesses das classes dominantes com os das outras classes sociais. Dessa relação, extrai-se sua forma de existência. Ele existe por causa da divisão da sociedade, e as formas de existência pelas quais passa ganham daí também sua justificação, relacionando-se com o grau de desenvolvimento das contradições de classes na sociedade. Assim, quando Marx diz que o Estado é instrumento das classes dominantes, não está afirmando que é a posse do Estado que lhe dá esse caráter, mas sim que, *porque são classes dominantes*, o Estado, enquanto preserva as relações sociais que lhes favorecem, funciona como instrumento seu.

Poder político e posse do Estado

A constatação do caráter classista do bonapartismo só ganha consistência, para Marx, quando se explicitam as formas econômicas e sociais que o tornam possível, e que também se responsabilizam por sua dissimulação. Essas é que justificam a possibilidade de dissociação básica de que Marx se vale para explicar o bonapartismo, entre *poder político* e *posse do Estado*. O surgimento do bonapartismo representou o esmagamento da representação política da burguesia; porém, esse governo lhe interessava na medida em que esse esmagamento era o requisito para o reforçamento do seu poder social.

Veremos como a responsabilidade disso repousa no fato de que a estrutura capitalista atribui ao plano político o papel de organizar os indivíduos, abstraindo-se da relação que mantenham com os meios de produção na sociedade. Essa tarefa procura trazer implícita a ideia de que esta é a relação determinante socialmente quanto à existência coletiva dos homens. Entretanto, como vimos, a redução a este contato – ao mecanismo de trocas – não elimina a participação dos indivíduos nas relações de produção, e nem a sintetiza. Essas relações continuam a existir, e, no caso do capitalismo, também a dar fundamento à divisão da sociedade em classes. A tradução das relações econômicas em luta de classes responde pela continuação da luta política na sociedade como fenômeno que a afeta globalmente, encontrando no plano mesmo da produção suas diretrizes iniciais. O fato de a divisão em classes ter seu fundamento na produção faz com que as lutas políticas tenham destino paralelo à importância que esse plano possui dentro da estrutura social capitalista. Enquanto a luta social em que se empenhava a burguesia se voltava contra os senhores feudais, o seu centro mesmo era dado no Estado, cuja posse e reforçamento pela burguesia determinavam já imediatamente um golpe de morte no poderio econômico e social do feudalismo.

A passagem ao capitalismo como sistema de relações sociais hegemônico traz consigo a separação que deseja imprimir entre a economia e a política. Este nível pretende as relações sociais que os homens mantêm entre si, relegando as relações econômicas para o círculo do comportamento particular dos indivíduos. Na França, por exemplo, como o ano 1848 representa historicamente a implantação definitiva do capitalismo, com suas relações de produção e estruturação política adquirindo hegemonia indiscutida, o governo bonapartista procura representar esse desligamento entre a estrutura econômica e a ação política das classes sociais. Assim, o liberalismo, modelo clássico da democracia burguesa, vive o tempo da luta contra o feudalismo e começa a agonizar quando as cisões horizontais da sociedade passam a predominar. A inadaptação da república parlamentar aos interesses da burguesia francesa vale como atestado dessa falência prematura do liberalismo.

A verdade da separação entre o econômico e o político no capitalismo é a mesma do divórcio entre a produção e a circulação; isto é, tem na ideologia sua origem e sustentação. Enquanto atribui esse papel ao político, o capitalismo o esvazia de sentido, relegando-o ao nível da superestrutura. Porém, como as relações de produção continuam a reproduzir o antagonismo entre as classes, o político propaga-se por toda a estrutura, em um rumo exatamente oposto ao da tentativa de sua circunscrição. A separação radical entre a força de trabalho e os meios de produção serve de fundamento à tentativa da ideologia burguesa de desconhecer a relação que os homens mantêm com esses meios organizando-os apenas enquanto indivíduos. Contudo, ao mesmo tempo, essa separação radicaliza as contradições de classe e, assim, as lutas políticas entre as classes invadem todos os níveis da estrutura social. Em suma, centrar a vida política em torno da posse do Estado é considerar o político ainda dentro do plano que a estrutura capitalista pretende lhe reservar. Porém, quando Marx se propõe a uma ação política contra o capitalismo, ele está tomando o político na mesma extensão que possua a divisão em classes na sociedade: isto é, como estigma que perpassa *todas* as relações capitalistas. O poder político vive, então, para além da posse do Estado, encontrando suas raízes na própria forma de se organizar a sociedade, o que inclui a posse do Estado como momento importante, mas sem se limitar a ela, pois não a tem como fundamento.

Ficou delineado como os fatos históricos dependem, em seu peso, do momento de instauração e desenvolvimento do modo de produção capitalista, de tal modo que o vocabulário político é redefinido, por exemplo, a partir de 1848 na França, atribuindo significado distinto a noções como monarquia e república parlamentar, Executivo e Legislativo. O Estado, como soma de todos os fenômenos políticos, ganha suas formas históricas das condições gerais das relações de produção na sociedade. Vale dizer, ele é função do grau de desenvolvimento das lutas de classe em cada formação social.

A FILOSOFIA POLÍTICA EM QUESTÃO

Introdução

A pesquisa sobre os fundamentos da política dentro das estruturas capitalistas e pré-capitalistas, e sobre algumas análises das conjunções históricas feitas por Marx, abre-nos campo para focalizar a ideologia que recobre esses processos. Esse roteiro nos coloca em condições de apontar para as primeiras críticas de que a filosofia política é passível, a partir das considerações feitas sobre o seu objeto. A crítica do objeto já traz implícita a crítica das teorias sobre o objeto; trata-se agora de iniciar o processo de sua explicitação.

O eixo das análises da filosofia política clássica é o esquema Estado/sociedade civil. A compreensão dos fundamentos e limites desse esquema é a condição de crítica dessas análises. O esquema Estado/sociedade civil encontra suas condições de existência nas relações exteriores entre a produção e a circulação, nas estruturas pré-capitalistas. Ele se alimenta da justaposição das atividades privadas e coletivas dos homens, correlato da presença de dois móveis distintos na produção: o uso e a troca. A ausência da integração que o capitalismo patrocina, erigindo a produção para o mercado em modelo de objetividade social, possibilitava a sobrevivência da oposição, com as diversas combinações possíveis, entre a sociedade civil – mundo dos interesses privados – e a presença da coletividade, através do Estado.

A manutenção desse esquema, e das condições que o tornaram possível, sustentou o campo de ação da filosofia política. A introdução de relações capitalistas significava para ela a dissolução dessa dualidade, uma vez que os homens se libertavam para, a um só tempo, realizar sua individualidade e sua sociabilidade; ao se encontrarem no mercado são, simultaneamente, indivíduos livres, compradores e vendedores conforme suas vontades particulares, e tecedores da rede de relações sociais que os envolvem. Ao Estado caberia apenas se apartar desse mecanismo autorregenerador; finda a sociedade civil como mundo da particularidade, ele se esvaziaria como sua contrapartida.

O caráter a-histórico dessa relação central para a filosofia política já denunciava sua insuficiência. Será, porém, diante de um sistema que só produz reproduzindo-se, como o capitalismo, que essa insuficiência se ressalta de forma multiplicada. A incapacidade de apreender os mecanismos de reprodução e seus efeitos sobre a mecânica social desconhece as molas propulsoras, os móveis do capitalismo; o efeito é o esvaziamento das categorias políticas com que trata a filosofia política, que pretendem dar conta desse funcionamento. Por situar-se no nível de relações políticas abstratas, torna-se incapaz de compreender quaisquer sistemas que não se fechem sobre si mesmos.

A generalização das trocas, possibilitando a organização da produção em função do mercado, não teve desenvolvimento suficiente para que, aos olhos de Maquiavel, Hobbes, Locke e Rousseau, fosse possível constatar a novidade radical do capitalismo: a hegemonia do valor de troca sobre o valor de uso, cuja diferenciação e constatação será um dos marcos na distinção entre ideologia e ciência no mundo moderno. Essa indistinção, que faz a economia política definir seu objeto como sendo as interações entre homem e natureza, encontra seu correspondente na filosofia política quando ela apreende apenas um dos aspectos da contradição capitalista: a liberação dos homens em relação aos meios de produção, sem fazê-la acompanhar da divisão em classes implícita, e de suas consequências. Somente na sequência desse raciocínio é que seria possível colocar em xeque a realidade do esquema Estado/sociedade civil. A separação entre o trabalhador direto e os meios de produção vale – quando tomada isoladamente – como fundamento da consideração da economia como ciência das relações entre homem/natureza, com a consequente autonomia das relações homem/homem, como são tomadas pela política. Essa deficiência se manifesta ainda vivamente nas formas de tratamento de alguns filiados ao marxismo mais diretamente através do pensamento de Gramsci, como Galvano Della Volpe e Norberto Bobbio. O debate que estabeleceram a respeito dos esquemas Estado/sociedade civil faz-se acompanhar das mesmas noções ideológicas de liberdade etc. que povoaram a filosofia política pré-marxista. Alguns trechos dessa polêmica são reveladores:

> o importante é que se comece a conceber o direito já não mais como fenômeno burguês, mas como um complexo de normas técnicas que podem ser utilizadas por burgueses e por proletários para conseguir certos fins comuns a uns e outros, enquanto são homens sociais. A *liberdade civil* é, obviamente, a liberdade dos membros da "sociedade civil" [...] A outra liberdade, mais universal, é o *direito de qualquer* homem ao reconhecimento social de suas *qualidades* e *capacidades pessoais*: é a instância *democrática*, verdadeiramente universal, do *mérito*, isto é, da potenciação *social* do *indivíduo* e, portanto, da personalidade. Enfim, é a *liberdade igualitária* justa, em função da justiça; nesse sentido, um tipo de *liberdade maior*.[1]

O que representava a harmonização dos interesses privados e coletivos no grau de consciência possível da filosofia política significou, no nível real da história, a dilaceração mais radical entre a produção social e a apropriação privada, com a instauração do capitalismo. Cumpre explicar como foi possível esse distanciamento, para que a ótica da filosofia política focalizasse de maneira invertida o processo real. Mais do que isso, é preciso anotar como esse processo faz-se sentir na problemática dos filósofos, como momento de verdade nas suas formas ilusórias.

Os primeiros encaminhamentos dessas questões devem partir do fato de que a filosofia política não via, e não podia ver, a ruptura essencial que alterava seu objeto: a instauração do capitalismo, e a subordinação do mecanismo de trocas ao da produção. O objeto que ela havia instaurado definia os seus limites a partir das sociedades pré-capitalistas, nas quais se acentuava o predomínio do comércio, sem se tomar consciência desses limites. Como o terreno que gerou os conceitos com que ele trabalhava não estava incluído no seu objetivo, ela viveu a alienação desses conceitos, sua subordinação, como a superação definitiva dos problemas que enfrentava. Tomando-se como objeto as relações homem/homem, sua capacidade para explicar a constituição da sociabilidade esgota-se diante da subordinação de toda a vida social aos mecanismos da produção. Aquelas relações passaram a ser obrigatoriamente medidas pela referência a esses mecanismos, tornando impossível uma problemática puramente política, autônoma, diante da ciência das relações de produção.

Essa incapacidade passou a se manifestar através da diluição da unidade da vida social em dualidades, tais como: *individuo/coletividade*, *moral/polí-*

---

[1] Galvano Della Volpe, *Rousseau e Marx*, cit., p. 40.

tica, *Estado/sociedade civil*, cuja soma já não recompunha aquela unidade. A constituição desses temas como seus problemas centrais marcou fatalmente a filosofia política. A própria forma de escolher as oposições limita o aprofundamento até suas raízes. Assim, enquanto os fundamentos dessas dualidades têm seu nascedouro para além do objeto a que a filosofia política se propõe, sua problemática torna-se ideológica no sentido de que esses conceitos designam momentos reais da vida social, sem nos fornecer os instrumentos para conhecê-los enquanto conceitos. Enquanto um esquema como o de Estado/sociedade civil for mantido – o que ocorre, como veremos, até no jovem Marx – a análise não ultrapassará ainda o nível descritivo, permanecendo impotente para dar conta de si mesma, enquanto momento de constituição do objeto. As observações que se seguem procuram ser indicativas tanto do caráter descritivo que assumem como da falência decorrente. Em suma, são apontamentos introdutórios que procuram diagnosticar ideologicamente a filosofia política.

Política como moral de Estado: os horizontes do Príncipe

O fim das guerras civis religiosas, propiciado pela criação e organização do Estado moderno, abriu campo para o desenvolvimento do mundo moral. O Estado instala-se em nome das necessidades políticas que, se ao mesmo tempo são morais, é pela subordinação destas àquelas. Trata-se de uma moral, mas, a rigor, de uma *moral de Estado*, cujos ditames derivam das exigências práticas da vida política, às quais o Estado deve atender; moral de Estado vale, assim, como subordinação da moral à política.

De outro lado, a liberação dos indivíduos de vínculos morais não encontra sua contrapartida na participação no poder político, levando-se – em nome de princípios morais individuais – a se chocarem com o Estado. A moral só tem existência autônoma no nível puramente privado. A separação entre moral e política, consumada pelo Estado, coloca a moral diante da necessidade de alienar-se da vida política, à medida que queira ter um objeto próprio e existência autônoma. As alternativas são: *alienação da política*, *subordinação à política*, através da transformação da necessidade em virtude, ou *tentativa de subordinação da política à moral*, pela conversão desta em política. Se a primeira representa um desvio em relação à política, refletindo-a de maneira muito mediatizada, as outras esclarecem os caminhos pelos quais a filosofia política enveredou. Assim, ela descortina o surgimento do seu objetivo no mundo moderno, e prepara-se para abordá-lo por essas vias alternativas.

As teorias da razão do Estado encontram seus momentos mais característicos em Hobbes e Maquiavel, para quem a necessidade de fundar o Estado patrocina a passagem da alternativa moral do bem e do mal para as opções entre política da paz e política da guerra. Diante da alternativa entre guerra civil e ordem estatal, a razão elimina as diferenciações entre moral e política. É em função da guerra civil e do imperativo que a razão se coloca de exterminá-la que as teorias da razão de Estado se estruturam. É pelo cumprimento dessa tarefa que o Estado ganha autoridade moral e direito à existência como autoridade soberana. Ordem e Estado são intercambiáveis: sua mera existência é sancionada moralmente.

Maquiavel encontra sua forma particular de enfeixar-se dentro do plano político, aparentemente rompendo-o para buscar sustentação em uma análise da natureza humana. Sua obra corre em dois planos: de um lado, indicações mais ou menos precisas sobre a fundação e manutenção de um Estado estável, com os tipos de governo possíveis, seus perigos e suas virtudes; de outro, apelos a observações sobre a natureza humana, suas fraquezas e os moldes gerais de seu comportamento. A política pode ganhar certo nível técnico e, com isso, fechar-se sobre si mesma, porque se sustenta em coordenadas constantes no comportamento humano:

> é necessário àquele que estabeleceu a forma de um Estado e que lhe dá leis supor primeiramente que todos os homens são maus e dispostos a fazer uso de sua perversidade todas as vezes que tenham uma chance. Se sua maldade permanece escondida durante certo tempo, isso provém de alguma causa desconhecida que a experiência não descobriu ainda, mas que o tempo, chamado, com toda razão, o pai de toda verdade, manifesta enfim.[2]

Às normas estatais amoldam-se as características transcendentais do comportamento humano, que o tempo termina sempre por fazer prevalecer. O conjunto da obra se sustentaria autonomamente, através da justaposição dessas duas ordens de considerações: políticas e metafísicas.

---

[2] Nicolau Maquiavel, *Comentários sobre a primeira década de Tito Lívio* (Brasília, Editora da UnB, 1982), p. 37.

O requisito desse raciocínio é uma redução dos acontecimentos históricos a fenômenos cíclicos, que possibilitam uma visão sistemática da política. À primeira vista, são só acontecimentos históricos que possibilitam o seu achatamento em um desenrolar único – procedimento posterior à sua análise. Porém, toda a obra de Maquiavel envolve a humanidade em um cosmo fixo e imutável, em que a energia permanece constante, variando apenas na sua distribuição interior, como uma condição de sua existência. "Se se examina com atenção os acontecimentos deste mundo, ficar-se-á persuadido de que não se pode destruir um inconveniente sem que se eleve outro."[3] Ou ainda:

> Refletindo sobre a maneira como os acontecimentos se passam, creio que o mundo sempre foi semelhante a si mesmo, e que ele nunca deixou de compreender em seu seio *uma igual massa de bem e de mal*; mas creio também que *esse bem e esse mal passam de um país a outro*, como se pode ver pelas noções que temos desses reinos da antiguidade que a variação dos costumes tornava diferentes uns dos outros, enquanto o mundo permanecia sempre imutável.[4]

O sentido do apelo à história é o de apreender as curvas dos ciclos de ascensão e regressão de cada nação, sem que esse ritmo seja questionado. Essa *leitura empírica da história* a transforma em uma sequência de mutações de detalhe que informam diferentemente o desenvolvimento dos países, possibilitando a renúncia a qualquer organização lógica desse objeto: Esparta, Atenas, Roma, Florença achatam-se no mesmo plano, valendo, indiferentemente, o apelo às experiências desses distintos momentos da história. A própria forma de ir à história já delimita os quadros de sua ação: o seu roteiro está pronto, ela apenas ensina que atores desempenharão cada papel. Assim, torna-se fácil passar dessa abordagem formal da história à homogeneização de suas determinações; *as leis abstratas que devem comandar o comportamento humano* não estão povoadas pelas múltiplas distinções dos fenômenos históricos, mas tornam-se abstratas no sentido de desconhecimento das determinações específicas de cada contexto.

---

[3] Idem.

[4] Ibidem, p. 42.

> Quem quer que estude os acontecimentos contemporâneos e aqueles que se passaram na antiguidade percebe facilmente que os mesmos desejos e as mesmas paixões reinaram e reinam ainda em todos os governos e em todos os povos. É, pois, fácil para aquele que se aprofunda nos acontecimentos do passado prever o que o futuro reserva para cada Estado, aplicar os remédios que usaram os antigos, ou, se eles não existiram, imaginar novos conforme a semelhança dos acontecimentos. Mas, como se negligencia essas observações, ou aqueles que as leem não sabem segui-las, ou, se o fazem, elas permanecem desconhecidas àqueles que governam, resulta que as mesmas desordens se renovam em todos os tempos.[5]

O grau de simplicidade no estabelecimento dessas previsões é o mesmo que as separa dos mecanismos históricos particulares a cada período, e que os determina como estruturas históricas.

A virtude do político é a correspondência com a necessidade desses mecanismos. Sob a forma de moral de Estado, este tem sancionada imediatamente sua existência política, à medida que é comandada por aqueles mecanismos. Esse momento de autonomia radical do político sustenta-se, pois, em uma visão cronológica da história, que só é possível a partir de um ponto de vista privilegiado, para além dessa história, e que a contemple nos seus ziguezagues. Essa perspectiva é a do Estado – inquestionada, porque imediatamente identificada à moral, à ordem e à ação consciente dentro das mutações internas da história. O Estado, então, torna-se não apenas requisito, mas o ponto de vista organizador a partir do qual a história ganha sentido. Questioná-lo é colocar em jogo a própria possibilidade de um sentido na história. Daí, portanto, a autonomia possível do político, assentada na ótica privilegiada do Estado, agente e doador de sentido ao processo histórico. Paralelamente, as análises aparecem como fruto de uma *razão* que determina os lugares e os valores de cada fenômeno histórico, ao preço de não se tomar como objeto, de se reservar como agente totalizador, mas não totalizado pelo processo que instaura. Sua força vem precisamente de sua fraqueza, e o racionalismo do Príncipe é a primeira figura do Estado e da razão no mundo moderno: *explica por não se explicar*, vale dizer, tem a concreção real das formas ideológicas, e abre as picadas que serão desbravadas pela filosofia política.

---

[5] Ibidem, p. 76.

Rousseau: para uma crítica moral do Estado

O outro roteiro pelo qual esses caminhos serão percorridos pode ser retomado – segundo a própria linguagem a que a filosofia política se propõe – a partir das relações entre moral e política. A cisão entre moral e política abre campo igualmente para a crítica do Estado na perspectiva da moral, cuja distância em relação ao político é, ao mesmo tempo, pressuposto e consequência da crítica. Essa separação fundamenta não só a existência do Estado como a da própria crítica moral que se lhe opõe.

A crítica da ilustração não somente tem seu fundamento no distanciamento dos juízos morais em relação à ordem política como também procura retirar sua força daí; tornando-se o grande tema do século XVIII, *a moral a que aspira converte-se em política*. Seus escudos anônimos, em termos políticos, são: a razão, a moral, a natureza. Uma vez definido o caráter puramente político do Estado, retiram-se-lhe imediatamente seus fundamentos morais, e como residem aqui seus direitos de legitimidade, essa operação em retorno retira, também, a base política de existência do Estado. Ou Estado legítimo – vale dizer, moralmente legítimo – ou usurpação do Estado.

Em Rousseau, a conquista da liberdade é simultânea à participação na vontade geral; mas, enquanto homem, o cidadão não pode saber nunca quando e como coincidem sua vontade e a vontade geral. Os indivíduos podem equivocar-se, a vontade geral nunca. E Rousseau constata que "certamente há, frequentemente, diferença entre a vontade de todos e a vontade geral; esta visa ao interesse comum, e a outra é apenas uma soma de vontades particulares"[6].

Torna-se, então, constantemente necessário à vontade geral corrigir as diferenças que as vontades particulares apresentam em relação a ela: "quem quer que recuse obedecer à vontade geral, será constrangido a isso por todo o corpo: o que não significa outra coisa senão que se lhe forçará a ser livre"[7]. Assim, a soberania de opinião não se estabelece, já que ela é entravada pela estranha expressão: "forçar e ser livre". A transparência da vida coletiva ao indivíduo – finalidade última do contrato social – não se instala, porque os indivíduos podem equivocar-se:

---

[6] Jean-Jacques Rousseau, *Obras* (Porto Alegre, Globo, 1958, v. II), p. 125.

[7] Idem.

> a vontade geral é sempre correta e tende sempre à utilidade pública: mas não decorre disso que as deliberações do povo tenham sempre a mesma correção. Quer-se sempre seu bem, mas não se vê sempre. Nunca se corrompe o povo, mas frequentemente se o engana, e é somente então que ele parece querer o que é mal.[8]

O soberano é solicitado como mediação entre a *opinião* e *o que verdadeiramente é bom* em cada momento. Aquela transparência, mediada, representa sua supressão:

> a vida pública converte-se em ideologia. Em nome da vida pública, da vontade geral, o soberano corrige as opiniões particulares; o poder precisa então surgir como *mundo da vida pública*, e o soberano como seu momento, enquanto é a vida pública o instrumento em nome do qual o soberano decide. É certo, ao menos, que o maior talento dos chefes é o de dissimular seu poder para torná-lo menos odioso, e de conduzir o Estado tão pacificamente que ele pareça não ter condutores.[9]

Ressurge a mesma forma ideológica que pretende conciliar moral e política, mas que reaparece na dualidade vontade particular/vontade geral. A passagem entre uma e outra, mediada pelo soberano, coloca a vontade geral, os interesses da comunidade – em suma, a política – como critério da validez do juízo moral. O homem continua imerso na consciência impotente que não distingue suficientemente seus interesses individuais dos interesses gerais, de tal forma que ele dista do cidadão como esses dois tipos de interesses entre si. "A vontade geral sempre tem razão" e fiscaliza por cima dos ombros do indivíduo sua vida particular. O acesso ao cidadão é a conquista da liberdade, mas esse caminho implica sempre o abandono do indivíduo. A ideologia da unificação social reaparece novamente com as mesmas vestes: razão, moral, natureza.

As próprias soluções políticas que Rousseau propõe terminam por se frustrar, porque o esquema moral/política é apenas uma forma de reproduzir a oposição Estado/sociedade civil, cujos fundamentos permanecem sempre assumidos, mas inexplicados. Quando as soluções morais propostas

---

8 Ibidem, p. 146.

9 Ibidem, p. 347.

por Rousseau pretendiam nortear as instituições políticas, sua impotência revelava-se na retomada daquilo que viciava, nessa perspectiva, a filosofia política: o conceito de *representação política*.

Para a filosofia política clássica, a emancipação humana centrava-se na necessidade da supressão da dualidade. Estado/sociedade civil, instaurando uma relação social em que não se dissociassem o indivíduo e o cidadão. Para tanto, é essencial o conceito de *representação política*, cujo papel consiste em:

a. dar legitimidade ao Estado como representante de toda a sociedade;
b. constituir uma comunidade política de cidadãos, que se sobrepõe aos diferentes papéis dos indivíduos na sociedade civil.

Daí o papel-chave que Rousseau atribui à crítica desse conceito, tomado como alienador da vontade dos indivíduos nas decisões políticas. A crítica da teoria dos três poderes de Montesquieu é, sobretudo, a crítica da noção de representação política.

A sobrevivência do corpo político é incompatível com a obediência; vale dizer, com a distinção entre governante e governados. "Se, pois, o povo promete simplesmente obedecer, ele se dissolve por esse ato, ele perde sua qualidade de povo; no instante em que há um mestre não há mais soberano, e desde então o corpo político está destruído".[10] O povo se constitui como corpo político à custa da manutenção de sua soberania. Esse conceito o institui como corpo unificado e sua vida será tão longa quanto perdurar seu caráter soberano.

A difícil missão de Rousseau consiste em negar a ideia de representação política, sem colocar em xeque a própria existência do nível político. Contudo, no projeto de Rousseau, trata-se exatamente de negar a função da representação na vida política, para fazer surgir a política como o nível mais alto da emancipação humana, porque concilia indivíduo e cidadão.

A crítica da ideia de representação faz-se em nome da necessidade de preservação da soberania; isto é, em nome da instauração legítima da comunidade política. A crítica não se volta contra a política – não coloca em xeque sua existência – mas contra aquilo que a vicia, tornando ilegítimos os regimes políticos. Trata-se de depurar a vida política no seu próprio interior, já que a forma de existência do corpo político é paralela às ações livres do homem.

---

[10] Ibidem, p. 186.

> *Toda ação livre tem duas causas que concorrem para produzi-la, uma moral, isto é, a vontade que determina o ato; a outra, física, isto é, o poder que a executa.* Quando eu caminho para um objeto, é preciso, primeiramente, que eu queira ir até ele; em segundo, que meus pés me conduzam a ele. Se um paralítico quer correr, e se um homem ágil não o quer, os dois permanecerão no mesmo lugar. *O corpo tem os mesmos móveis; da mesma forma, distingue-se nele a força e a vontade. Esta, sob o nome de Poder Legislativo; aquela, sob o nome de Poder Executivo.*[11]

A comparação é clara e significativa na demonstração do lugar e dos limites do político:

- a vida política simplesmente reproduz a "ação livre", denotando o seu caráter essencialmente emancipado;
- essa naturalização da política desobriga a fundamentação da dualidade apontada: basta a perspectiva descritiva; a consideração da vida política como prolongamento de um ato natural vale por si só como fundamento.

As raízes da crítica, que explicam sua ambiguidade, já se fazem notar: a divisão entre a força e a vontade choca-se diretamente com a ideia de soberania, como Rousseau a coloca. Sua indivisibilidade encontrará dificuldade para se conciliar com essa dualidade. Se essa questão não se colocava para Montesquieu, já que o Executivo e o Legislativo existiam no mesmo plano, não tornando obrigatoriamente exclusiva a um e a outro a soberania política, a crítica de Rousseau dirige-se precisamente a essa separação. A soberania tem como característica essencial a indivisibilidade. Tratar-se-ia de uma confusão de Montesquieu entre o domínio do soberano – o único que faz leis – e o domínio do governo – que as executa.

Se é certo, para Rousseau, que "aquele que faz as leis sabe melhor que ninguém como elas devem ser executadas e interpretadas"[12], isso tornaria impraticável qualquer divisão de função entre Executivo e Legislativo. Porém, o objeto de cada um desses poderes é distinto: o Legislativo, com poder soberano, representante da vontade geral, tem o poder de fazer leis. Como estas têm por objeto a *generalidade*, adaptam-se perfeitamente às deliberações do Legislativo, como organismo da vontade geral.

---

[11] Ibidem, p. 146.

[12] Idem.

Mas, se o objeto da vontade geral são as leis, o Executivo volta sua ação para as decisões particulares, referentes à aplicação dessas leis. Tendo a força como sua marca, sua presença será tanto maior quanto mais concentrado seja seu poder. Ele deve compensar a representatividade – que será a mais larga possível – do Legislativo com um poder tão mais centralizado quanto ampla aquela representação. Não é, portanto, função que caiba a um corpo político legítimo, que teria o risco de se degenerar por preocupações particulares. "O abuso das leis pelo governo é um mal menor que a corrupção do legislador, consequência infalível das visões particulares".[13] Daí o povo não poder exercer o Executivo, sob pena de perder a serenidade para o exercício do Legislativo.

É para tentar solucionar este problema – indivisibilidade da soberania e divisão dos organismos de sua existência – que, conforme Rousseau, "os legisladores dividem então o objeto da soberania em Executivo e Legislativo, tomando-os como partes homogêneas de um todo. Esse erro decorre de não se ter elaborado noções exatas da autoridade soberana, e de se ter tomado por *partes* dessa autoridade, o que não eram senão emanações"[14]. Assim, ter-se-ia desvirtuado a ideia de soberania política quando se a traduziu na forma da separação de poderes, o que termina por atribuir autonomia a cada um dos organismos.

Mas, se "o Poder Executivo não é senão a força; e onde reina apenas a força, o Estado se dissolve"[15], a soberania também não se reduz ao exercício do Poder Legislativo; e deve subordinar a si o Executivo. A soberania compõe um todo: o Legislativo é sua essência, o Executivo sua "emanação". O povo não pode delegar o Legislativo, mas pode, e *deve*, delegar o Executivo. Começamos a perceber, assim, como a ideia de representação, insuficientemente rechaçada em suas raízes, inicia o seu retorno pela porta dos fundos. Sua fisionomia se transfigurou; seu nome, agora, é "emanação".

Quando justapomos o início e o final do caminho da crítica de Rousseau, o sentido geral do roteiro torna-se mais claro:

> A soberania não pode ser representada pela mesma razão que ela não pode ser alienada; ela consiste essencialmente na vontade geral, e a vontade não se representa: ela é ela mesma, ou ela é outra; não há meio-termo.[16]

---

[13] Idem.

[14] Ibidem, p. 148.

[15] Idem.

[16] Ibidem, p. 149.

No entanto, a soberania, que encarna a vontade geral, não é autônoma, porque, sendo apenas vontade, e não força, ela se autolimita no exercício do poder. Ao mesmo tempo, sua representação identifica-se à sua alienação; vale dizer: à sua dissolução como vontade geral.

> [Apesar disso] A lei, não sendo senão a declaração da vontade geral, é claro que, no Poder Legislativo, o povo não pode ser representado; mas ele pode e deve sê-lo no Poder Executivo, que não é senão a força aplicada à lei.[17]

O soberano não deve, portanto, desempenhar os cargos executivos: *a.* pela oposição entre sua essência – vontade geral – e os atos particulares que caracterizam essas funções; *b.* pela necessidade de distinção entre a lei e suas execuções particulares, entre o direito e o fato: "o direito e o fato estariam de tal forma confundidos que não se saberia mais o que é lei e o que não é.[18]

Colocam-se, então, dois problemas: o conceito de representação da vontade geral do Legislativo pelo Executivo é retomado, e cria-se um mecanismo no qual são dadas as condições para que essa representação ganhe autonomia própria; isto é, sendo o Executivo o detentor da força, do poder de fato (o corpo ativo, se comparado com a passividade do Legislativo), sendo ele um organismo unificado, resolvem-se as relações de direito entre os dois organismos. Na prática política, dá-se a tendência para um fortalecimento cada vez mais alargado do Executivo, pelas características que o definem.

E aqui não estamos nos movendo fora dos limites a que Rousseau se propõe, quando tocamos em um argumento de funcionamento prático do sistema, porque esse argumento conta para o seu pensamento. Ele chega a ser considerado como o responsável pelo fim moral dos Estados: "No instante em que o governo usurpa a soberania, o pacto social se rompe; e todos os simples cidadãos, recolocados de direito em sua liberdade natural, são forçados, mas não obrigados, a obedecer"[19]. Assim, o domínio do Executivo sobre o Legislativo – do fato sobre a vontade geral – é retomado em uma sociedade política legitimamente constituída; só que, agora, ele ressurge sob a forma institucionalizada, materializada em organismos propriamente

---

[17] Idem.

[18] Idem.

[19] Ibidem, p. 152.

políticos: o Executivo e o Legislativo. Se, em Hobbes, o conflito entre a vaidade e o medo da morte violenta traduz-se na sociedade política sob a forma dos instintos particulares e do Leviatã, isso não se dá com as mesmas dificuldades, já que não se põe, para ele, o problema de um corpo político *legítimo*, mas apenas o de uma coletividade *possível*. Por outro lado, em Rousseau, a sociedade política legitimada pelo Contrato Social, reproduzindo os conflitos que a antecederam, denuncia como insuficiente a resolução desses conflitos através do plano político, que deixa de se constituir no lugar por excelência da emancipação humana.

As soluções de Rousseau buscam uma conciliação frustrada desde a colocação inicial da questão. Tratar-se-ia de duas ordens de medidas:

a. assembleias fixas e periódicas do Legislativo;
b. submissão à votação, em cada abertura das sessões dessas assembleias, de duas proposições, submetidas separadamente ao povo: revogação, ou não, da forma de governo, e continuação, ou não, da delegação de poderes a seus ocupantes.

A própria limitação das medidas restritivas propostas aponta para as fronteiras demasiado estreitas em que se move quem não coloca em xeque a própria validade da existência de um nível de relações humanas propriamente políticas. Pelo fato de ser o momento mais marcante da filosofia política clássica e, com isso, de ter elevado ao máximo o lugar das relações políticas na emancipação humana, Rousseau é quem se dilacera mais profundamente com esses limites. Aprofundando o seu projeto, aproxima-se mais do que qualquer pensador anterior da verdade do político. Depois dele, o grande passo da filosofia política, que encaminharia as soluções dessas questões, já não estaria nas mãos dos intelectuais, mas seria dado exatamente no plano da prática política, em que se agudizavam as dificuldades de Rousseau. O fim dessa fase da filosofia política é marcado pela Comuna de Paris. E, como veremos, não será gratuitamente que uma de suas medidas definidoras será a concentração, em suas mãos, tanto do Poder Legislativo quanto do Executivo; tanto da vontade quanto da força. Destruindo-se essa dualidade, que Rousseau toma como um "dado natural" de toda ação humana, os fundamentos da vida política estarão colocados em jogo.

O máximo de consciência possível da filosofia política, dentro do esquema Estado/sociedade civil, não lhe dava o suficiente para se desvencilhar das antinomias em que se debatia. Sua retomada pelo jovem Marx representou, com seu aprofundamento, a denúncia de suas insuficiências.

A verdade da sociedade civil

Em um pequeno espaço de tempo – entre 1842 e 1844 –, Marx parece promover uma reviravolta nas suas concepções políticas. Entre os artigos da *Gazeta Renana* e os do *Vorwärts*, pode-se vislumbrar um abismo que tomaria estes últimos como o pensamento político de Marx já amadurecido. Veremos, no entanto, que o significado dessas modificações não altera o esquema geral de raciocínio que sustenta o seu pensamento; as alterações redistribuem os termos, mas giram em torno da mesma lógica.

A passagem de Marx pela *Gazeta Renana* é marcada pela exaltação da política e do Estado como os planos em que a emancipação humana se deveria realizar. A crítica dos interesses privados, egoístas, não conciliáveis com o Estado, dá-se através de um esquema hegeliano, em suas linhas gerais. A oposição Estado/sociedade civil – e o comportamento dos homens enquanto cidadãos, em oposição a seu comportamento enquanto indivíduos – sanciona imediatamente o primeiro termo como o que possibilita a emancipação humana. No esquema que opõe matéria/espírito, passividade/atividade, interesse privado/interesse geral, os polos privilegiados encontram na política sua realização.

Se, no plano dos fatos, a burguesia alemã tornou-se incapaz de efetivar essa emancipação, isso atesta simplesmente que ela permaneceu no nível de seus interesses privados, não assumindo as tarefas políticas que lhe cabiam. Seu falso liberalismo a faz tomar o Estado como seu instrumento, privatizando-o, ao passo que em um verdadeiro Estado, que realize a essência do político, há somente "forças espirituais", incompatíveis com o particularismo desse tipo de comportamento da burguesia.

Uma forma radicalmente oposta de considerar o papel da política parece surgir em 1843. Valendo-se do esquema crítico de Feuerbach em relação à alienação religiosa, mas sob a forma transposta para a política, o Estado ganha características diversas. "O Estado é um abstrato. Apenas o povo é o concreto."[20] Esse "abstrato" tem a significação precisa de *ilusório*, já que a

---

[20] Karl Marx, *Œuvres philosophiques* (Paris, Costes, 1948, v. IV), p. 64.

oposição se faz entre a *realidade da vida material* e a *projeção religiosa das formas políticas*. "A constituição política foi até aqui a *esfera religiosa*, a *religião* da vida popular, o céu de sua universalidade para com a *existência terrestre* de sua realidade".[21] A autonomização das esferas privadas fundamenta essa exteriorização do universal em um céu político, movimento produzido pelo "progresso da história", que criou as condições de redução dos "Estados políticos" a "Estados sociais".

Inverte-se a relação anterior entre Estado/sociedade civil, perdendo aquele toda sua concreção; torna-se uma projeção ilusória – sob a forma da igualdade "celeste" – das relações sociais alienadas. A solução emancipadora de Marx muda então seu alvo: deve recair obrigatoriamente na supressão do Estado político alienado e da sociedade civil privatista. Essa supressão consistiria na abolição da separação entre o social e o político, o universal e o particular. O mesmo ato emancipador promove a extinção da propriedade privada – fundamento da exteriorização política – e do Estado – projeção da dimensão material.

Se, em 1842, tratava-se de promover o "sofrimento dos pobres" – que pertence ao sistema de necessidades privadas – ao plano de "sofrimento de Estado", para dar-lhe uma concreção real, agora a miséria já é imediatamente um "problema geral". A revolução adquire caráter predominantemente econômico, porque seu segredo é a abolição da propriedade privada; trata-se de uma transformação dos próprios fundamentos da sociedade civil. Se a destruição do Estado é o coroamento da revolução, ela o é por extensão, como prolongamento da tarefa de atingir as raízes do mecanismo da alienação: a sociedade civil e a propriedade privada.

Essa nova forma de Marx conceber o lugar do político expressa-se melhor nos artigos do *Vorwärts*, nos quais ele aparece sob a fórmula de que a revolução socialista é uma "revolução política com alma social". De certo modo, opera-se, aqui, uma revalorização do político, já que a subversão do poder é um ato essencialmente político, e essa destruição e desagregação do poder é um requisito indispensável para a própria destruição do político como momento alienado da vida social. "Mas desde que começa sua *atividade organizadora*, o que se manifesta ao mesmo tempo que seu *fim próprio*, sua alma, o socialismo se livra de seu invólucro político".[22] A relação entre

---

[21] Ibidem, p. 70-1.

[22] Ibidem, p. 224.

corpo e alma, invólucro e conteúdo, dá a exata medida do papel do político: o momento político abrange as tarefas estritamente negativas da revolução, abre passo para as reformulações revolucionárias, que têm um caráter eminentemente social. Trata-se de uma tentativa de recuperar o significado do político dentro do novo esquema – no qual a alma é social – mas de, ao mesmo tempo, mantê-lo como invólucro.

Assim, se nos perguntarem sobre o lugar que ocupa o político na juventude de Marx, a passagem entre 1842 e 1843 tende a surgir como essencial; mudam-se os sinais, e o esvaziamento do político corresponde à conquista de significado das relações sociais, da sociedade civil. Mas se retomasse a lógica geral que comanda os dois raciocínios, ela não chega a ser subvertida; a inversão das relações entre a sociedade civil e o Estado redistribui os papéis no esquema geral de análise, mantendo-se o mesmo enredo, em que o *meneur de jeu* [dono do jogo] permanece a propriedade privada.

Mesmo quando, em alguma passagem, Marx introduz as classes sociais, elas não compõem momentos que sustentam sua lógica. É antes a *propriedade* que atribui a cada uma dessas classes seu papel: a burguesia como proprietária e usufruidora das riquezas que a propriedade lhe possibilita, e o proletariado definido exatamente pela ausência de propriedade, pela despossessão. Classes sociais e propriedade não são redefinidas igualmente por cada modo de produção. Ao contrário, a propriedade é o fator determinante a definir o lugar de cada classe social. Vejamos melhor onde se situam as raízes que correspondem às diferenciações introduzidas posteriormente por Marx.

Quando Marx procede à inversão entre Estado/sociedade cível, solicitada frequentemente contra Hegel, aparentemente já nos movemos no universo do seu pensamento político definitivo. Procedendo-se a essa inversão, o Estado passa a ser "o condicionado", "o determinado", "o produto", tendo a sociedade civil como base. O caráter de órgão apropriado por classes da sociedade civil é que seria responsável pela "falsa universalidade" do Estado, justificando-se, assim, que este pressuponha a sociedade civil, o estado verdadeiramente ativo na sociedade. A introdução da divisão em classes na sociedade civil seria suficiente para desmistificar o Estado, reduzindo-o às suas bases reais. Quando a vida material passa a explicar a história dos homens, a sociedade civil hegeliana muda de fenômeno à essência, e inverte suas relações com o Estado. É o que parece pensar Nicos Poulantzas, por exemplo, quando nos diz:

"Ora, esta noção da separação da sociedade civil e do Estado permanece uma constante no pensamento de Marx, apesar de sua evolução que conduz à sua concepção de 'Estado de classe'"[23].

A principal distinção entre as análises de Hegel e de Marx seria a de que, naquele, "a esfera das necessidades, o lugar da vida econômica da sociedade, remeter-nos-ia à sua consciência e a seu significado, situados no mundo político, no Estado; a aparente autonomia da sociedade civil se romperia, e a dualidade encontraria sua fonte unificadora na figura do Estado. Enquanto isso, em Marx, a aparente autonomia se daria do lado do Estado; a unidade do processo histórico encontraria na vida material sua base de sustentação, à qual todos os processos nos remeteriam. Os termos – Estado/sociedade civil – conservar-se-iam, as relações de essência a fenômeno também, porém com determinações trocadas. É em *O 18 de brumário* que encontramos em Marx esta distinção clara entre o interesse 'político' da classe burguesa e seu interesse 'econômico-corporativo' privado, e é precisamente nesse texto que Marx retoma *expressamente* a temática da separação da sociedade civil e de Estado"[24].

Quando se propõe a fazer a "anatomia da sociedade civil", Marx encontra seu eixo na propriedade privada. É o seu caráter egoísta, particularista, estritamente voltado para a satisfação das necessidades privadas dos homens que transmite àquela suas características. "O direito humano à propriedade privada, portanto, é o direito de desfrutar a seu bel-prazer (*à son gré*), sem levar outros em consideração, independentemente da sociedade, de seu patrimônio, e dispor sobre ele, é o direito ao proveito próprio".[25] O papel da propriedade privada na explicação da alienação do trabalho é, então, essencial – "o trabalho se faz fragmentariamente por causa dos empecilhos que a posse privativa dos meios de produção e, por conseguinte, de seus frutos, impõe à sua universalização"[26]. A análise geral está sustentada na ideia de que a propriedade privada impõe canais estreitos e parcelados à realização universalizadora da "essência genérica" do homem.

---

[23] Nicos Poulantzas, Preliminaires à l'étude de l'hégémonie dans l'État, *Le Temps Modernes*, Paris, nov.-dez. 1965.

[24] Karl Marx, *Œuvres philosophiques*, cit., p. 236.

[25] Idem, *Sobre a questão judaica* (São Paulo, Boitempo, 2010), p. 49.

[26] José Arthur Giannotti, *Origens da dialética do trabalho* (São Paulo, Diefel, 1969), p. 144.

Em consequência, todas as formas de propriedade podem variar internamente em suas formas, mas seu papel fundador da alienação dentro da história permanece o mesmo. Assim, pode-se falar da propriedade privada não como mero resumo das diversas formas de propriedade, mas como uma categoria que preserva suas determinações essenciais ao longo do processo histórico. Da mesma forma, a categoria sociedade civil também cristaliza um nível definido das relações sociais cujas referências sempre são remetidas ao mesmo trabalho egoísta, particularizado, atomizado. A presença da propriedade garante a presença do mesmo processo de negação da "essência genérica" do homem, fazendo, portanto, com que a sociedade civil possua concreção histórica única nas diferentes formas de produção.

O conceito de sociedade civil apoia-se, porém, em uma série de pressupostos não assumidos em toda sua consequência até aqui e que, uma vez tornados conscientes, passam a ser os denunciadores de seu papel ideológico. Esse conceito se sustenta:

a. na existência de uma "esfera das necessidades", onde os indivíduos são homogeneizados pelo denominador comum de suas necessidades; é um campo constituído pela *utilidade* e pelo *valor de uso*, como determinantes do comportamento dos indivíduos. É assim que se faria a passagem entre o comportamento do sujeito enquanto ser privado e a atividade sociedade civil;
b. na existência de um "homo economicus", separado da vida política, e determinado universalmente, na mesma medida do caráter "natural" de suas necessidades; portanto, ele encontrará sua sustentação na *antropologia*[27];
c. na divisão entre Estado/sociedade civil correspondente à colocação "lado a lado" da economia e da política, já que seus objetivos, ainda que mutuamente referentes, ocupam *lugares* distintos na vida social. Essa justaposição do econômico e do político, implicitamente, atribui o mesmo estatuto aos dois planos. Não havendo configurações distintas nas suas relações conforme a estrutura social em que se incluem, essa afirmação similar dos dois níveis se projeta para toda a história: há tanto uma "história econômica" quanto uma "história política", cujo paralelismo já não tem nenhuma garantia. Os mecanismos que regem a "esfera das necessidades" possuem leis autônomas, incluindo variantes

[27] Louis Althusser, *Ler o capital* (Rio de Janeiro, Zahar, 1979), p. 197-8.

de caráter natural, físico, que não têm por que ser regidos por um tempo semelhante aos fenômenos ligados ao Estado.

Essa projeção de relação externa entre economia e política esconde o mesmo caráter ideológico da colocação da circulação "ao lado" da produção: qualquer modo de produção necessitaria de um Estado e de todas as relações políticas como até aqui existiram na história. A dualidade Estado/sociedade civil torna-se insuperável.

Assim, a filosofia política – de Maquiavel ao jovem Marx –, valendo-se da oposição Estado/sociedade civil como esquema de explicação, sem pesar criticamente as consequências dessa aceitação, tornou-se prisioneira, a um só tempo:

- da *antropologia*, que sustenta o conceito de sociedade civil e que aponta para o objetivo das reflexões morais;
- da *propriedade privada*, enquanto eterniza a divisão economia/política, responsável por essa oposição.

A filosofia política torna-se, assim, o ponto de encontro das duas formas ideológicas e apologéticas mais características do capitalismo: de um lado a *reflexão moral* – cujo centro é o "homem" enquanto abstração jurídica ou moral –, e de outro a *economia política vulgar* –, girando em torno do "homo economicus". Ao pretender recortar um objeto próprio, ela se tornou uma soma do objeto da economia política e do da moral, incorporando nesse ato de constituição do seu campo, em um só golpe, toda a perspectiva viciada das duas. A filosofia política não é, portanto, a forma de conhecimento cujos vínculos ideológicos transpareçam mais claramente. Contudo, pelo caráter sintético que constitui seu objeto abrangendo aspectos cruciais do capitalismo, ela contém da forma mais significativa e mais global os elementos que nos fornecem a evolução da ideologia burguesa.

Ao basear-se nos mesmos esquemas, o jovem Marx não está livre das falhas posteriormente denunciadas na economia vulgar, e que a filosofia política assume de modo particular. Ela é marcada:

a. pela *permanência no plano da sequência histórica*, sem compreender a ruptura que representa o momento do domínio das relações de produção sobre a política;

b. pelas referências ao *modelo político grego* como ideal, com os desvios de perspectiva que isso acarreta[28]. (O que ocorria, em última instância, como correlato da hegemonia do capital comercial sobre a produção.);
c. pelo *ponto de vista da história cronológica*, e sua consequente metodologia: a *descrição*, a objetividade aparente do empirismo, que desemboca na *ciência política*, se desenvolve tanto mais quanto renuncia à explicação dos mecanismos específicos da vida política: *explica as relações em cada regime político, sem se questionar como esses regimes se produzem e se substituem*;
d. pela *perspectiva cronológica*, que conduz à *autonomia de cada nível*: política "ao lado" da economia, com estatutos de existência igualados; assim, tornava-se insuperável a dualidade entre o público e o privado, fazendo da filosofia política um instrumento apologético similar à economia vulgar, na medida em que sanciona o fulcro daquela dualidade: a propriedade privada.

Em *A ideologia alemã*, a introdução do conceito de *modo de produção* parece não subverter radicalmente esses esquemas, uma vez que, na forma de exposição, o fundamento das análises de Marx aparenta ser, ainda, a propriedade privada e a correspondente divisão do trabalho. No entanto, já a própria distinção das diferentes formas de propriedade através da história iniciará o processo de esvaziamento do conteúdo dessa categoria. Anteriormente, tomada a propriedade privada como fundamento de toda a alienação histórica, essas distinções não possuíam nenhum poder constitutivo próprio; cada forma de produção era alienada antes por se basear na propriedade privada do que por seu modo específico de produção e de propriedade.

As distinções entre as diferentes formas de produção só têm sentido na perspectiva de *cada* modo de produção. Só quando há um deslocamento do ponto de vista petrificado em nome do qual se faz a crítica de *todo* o processo de alienação engendrado pela história para a perspectiva de cada modo de produção, é que essas diferenciações relativas a cada forma de produzir ganham significado. E agora elas se incompatibilizam totalmente, porque quando a propriedade tinha um papel fundante, determinante eram as *características comuns* a todas as formas de produção, unificadas na noção da

---

[28] "Nos gregos, a sociedade civil era escrava da sociedade política", Éric Weil, *Hegel et l'État* (Paris, Vrin, 1950), p. 37.

sociedade civil. A partir de agora, interessarão, sobretudo, as *distinções* que caracterizam cada modo de produção; as diferenças específicas não se apagam, ao contrário, iluminam as determinações dos períodos da história.

Podemos dizer, aqui, da propriedade privada – e, consequentemente, da sociedade civil – que não representam um produto de uma *abstração objetiva* a exercer-se no interior do processo histórico, como ocorre com o valor ou com o trabalho abstrato. As mesmas distinções que Marx efetua entre essa forma de abstração e o que ele chama de *abstração intelectual* (*verständig se Abstraktion*) já valem agora: a propriedade privada e a sociedade civil são abstrações intelectuais que, fixando os traços comuns, têm apenas o papel de evitar a repetição. "Entretanto, seu caráter *geral*, ou estes traços comuns, que permitem extrair a comparação, formam um conjunto muito complexo, cujos elementos divergem para revestir determinações completamente diferentes." É assim que a propriedade privada sobrevive em *A ideologia alemã* ou em textos posteriores de Marx, da mesma forma que a abstração racional *produção em geral*, somente a título de *critério exterior*, medida que compara as diferentes formas de produção, uma vez que estas estejam constituídas. Portanto, se Marx se refere ainda vez ou outra à sociedade civil, não podemos tomar essa referência levianamente como uma retomada do mesmo *conceito*, com as mesmas determinações que implicava; trata-se de saber do lugar que ele ocupa na lógica dos diferentes modos de produção. A anatomia da sociedade civil, realizada através da sua dissociação nas diversas formas de produção, terminou por ser-lhe fatal: desembocou na valorização dessas diferenciações e no esvaziamento dos caracteres. Era a floresta que, escondendo as árvores, ganhava estatuto superior, à custa de apagar as determinações.

Não se superpõem, assim, de forma alguma, as noções de sociedade civil e de modo de produção, que poderia ser a forma de fazer perdurar aquele conceito. E, se retomarmos os textos anteriores à *Ideologia alemã*, perceberemos já aí essa distinção. Marx dizia, por exemplo, na *Crítica à filosofia do Estado de Hegel*, que o caráter revolucionário do proletariado advinha precisamente do fato de que os proletários "formam menos um estado da sociedade civil que o terreno sobre o qual repousam e se movem os círculos desta sociedade". Como a ausência de propriedade marca seu estado, eles não são vítimas do mesmo dilaceramento entre particularidade e universalidade, fruto da propriedade privada. É sua exterioridade em relação à sociedade civil que os torna descompromissados com o sistema e aptos para a tarefa de reapropriação da essência humana alienada. A estreiteza do conceito de sociedade civil, limitado pelo usufruto da propriedade privada, não dava lugar ao proletariado. Quando passamos ao conceito de modo de produção, ocorre que:

a. os diferentes modos de produção determinam diferentes formas de propriedade e diferentes classes sociais, só existindo o proletariado dentro do modo de produção capitalista;
b. dentro do modo de produção capitalista, o proletariado ganha características revolucionárias exatamente pelo lugar central que ele aí ocupa, *e não por sua exterioridade.*

Dessa forma, a sociedade civil configura um quadro bem diverso do de modo de produção; não só são momentos de lógicas diversas como se compõem de elementos diferentes.

Quando Marx introduz o conceito de modo de produção, o processo histórico estava irremediavelmente periodizado nas diferentes formas de produção, esvaziando um conceito como o de sociedade civil, que hauria seu significado precisamente da indeterminação dessas formas. É aqui que Marx rompe com toda a história empírica, que se guia pela cronologia dos acontecimentos: cada modo de produção redefinirá os conceitos de que se vale, atribuindo-lhes um lugar determinado dentro do funcionamento de seu sistema. Assim, as tentativas de reassumir o conceito de sociedade civil são prisioneiras da indistinção da história empírica, já que o produzem sob forma indutiva, a partir dos diferentes modos de produção. Fica, então, obscurecido o caráter específico da forma de produção capitalista, e, em consequência, dos outros níveis dessa estrutura; perde-se, assim, a possibilidade de analisar as formas particulares e definidoras da vida política dentro do capitalismo, por exemplo, esvaziando-se igualmente o conceito antitético de Estado. A história possibilita esse tipo de abstração, mas ela tem o seu preço: a concepção linear da história, que avança e recua sob o roteiro dos eventos, perdendo a riqueza para a qual a introdução do conceito de modo de produção aponta[29]. A diversidade dos modos de produção na história lhe possibilita isso; porém, o resultado parece não valer a pena: os elementos,

---

[29] É o que parece ocorrer com Étienne Balibar quando procura organizar um "quadro dos elementos de todo modo de produção". Ver Louis Althusser, *Ler o capital*, cit., p. 212.

uma vez extraídos das suas totalidades, perdem o que os define: a especificidade. Assim, "trabalhador", "meios de produção", "não trabalhador" etc., valem estritamente como "abstrações racionais", isto é, resumos. Sua concreção real é nenhuma.

Lenin: política e organização

Os combates ideológicos travados por Lenin são a fonte e a origem indispensáveis da construção de uma teoria política marxista, que se filia diretamente às bases científicas do pensamento de Marx, conforme colocadas em *O capital*. Suas concepções organizatórias, construídas a partir das discussões de *Que fazer?*, na luta direta contra o que ficou caracterizado como "economicismo" e "terrorismo", denunciam, nesse sentido, falhas de profundidade teórica insuspeitadas. Mesmo sua pesquisa inicial nos será fértil.

O "economicista" concebe apenas um dos aspectos da classe operária dentro do capitalismo: sua venda obrigatória da força de trabalho. Esta é a única determinação que consegue constatar nessa categoria. Daí se delineia o centro de luta dessa classe em torno das *condições de troca da força de trabalho pelo salário*. Nesse embate, o papel da classe operária só pode ser defensivo, reivindicatório, uma vez que ela não traça outro polo em torno do qual possa girar; ela não contesta o mercado e as condições da troca capitalista desde pronto, mas busca apenas "melhorar as condições de venda de sua força de trabalho". "A luta econômica é a luta coletiva dos operários contra o patronato, para *vender* vantajosamente sua *força de trabalho*, para melhorar suas condições de trabalho e de existência."[30] Decorre, então, a obrigatoriedade de "começar pela luta econômica", para depois "dar à própria luta econômica um caráter político"[31].

Ressaltando esse aspecto particular do *trabalho* – e não seu aspecto criador, aquele pelo qual, na qualidade de "gasto de energia humana em geral", produz as riquezas do modo capitalista e, por isso, tem em si as chaves desse sistema –, ao invés de caminhar para a quebra do mecanismo que produz e reproduz essa venda da força de trabalho, o "economicismo" desemboca obrigatoriamente em um *corporativismo*.

---

[30] Vladimir Lenin, *Que fazer?*, cit., p. 42.

[31] Ibidem, p. 44.

O aspecto ressaltado das determinações da classe operária não é apenas parcial; é justamente o destaque de suas características mais *particulares*, "porque as condições de trabalho são extremamente variadas conforme as profissões e, portanto, a luta pela *melhoria* destas condições deve forçosamente ser reduzida por profissões"[32]. O germe de universalidade presente na classe operária, suporte do critério geral de trocas – o *trabalho abstrato*, que a torna fonte doadora de valor às mercadorias – é escamoteado em função do caráter particular do desgaste da força de *trabalho concreto* que está presente nas condições de remuneração do sapateiro, do metalúrgico e do gráfico. A classe operária só ascende ao papel de "vanguarda na luta anticapitalista" que o *Manifesto Comunista* já lhe reservava, na qualidade de portadora do *trabalho humano abstrato*, que é privilégio da *classe como um todo*, e não de setores particulares dela. Enquanto soma de setores, enquanto agente de trabalho concreto, a classe operária situa-se no nível corporativo, ainda gira em torno do mercado – eixo totalizador das relações de produção capitalistas. Ela reforça seu papel de classe *do* sistema, em detrimento do papel possível da sua negação, que começa a se exercer quando ela se constitui como classe para si, iniciando a criação de um polo próprio de aglutinação social e política em torno de si mesma.

Enquanto a classe operária se mantém ao nível da luta econômica – sua ação *espontânea* –, os pressupostos dessa luta a comprometem também politicamente. Porque, para Lenin, já não se trata mais de "dar à própria luta econômica um caráter político"; esse caráter já está dado: ela será *trade-unionista*. A separação mecânica entre o econômico e o político não livra os "economistas" de pactuarem, desde o início, com uma dada política. "O trade-unionismo não exclui, de forma alguma, toda 'política'."[33] Existe uma "política trade-unionista, isto é, a aspiração geral de todos os operários de obter do Estado medidas susceptíveis de remediar os males inerentes à sua situação, mas que não suprimem ainda essa situação, isto é, que não suprimem a submissão do trabalho ao capital"[34]. Havendo apenas dois centros de estruturação possíveis das classes sociais – isto é, duas lideranças políticas gerais na sociedade –, todas as fórmulas políticas que não partam dessa constatação acabam por desempenhar papel corporativista e terminam espontânea e intuitivamente se integrando

---

[32] Ibidem, p. 45.

[33] Ibidem, p. 32.

[34] Ibidem, p. 38.

à mecânica da política burguesa. Daí por que o "elemento espontâneo", se é "a *forma embrionária* do consciente"[35], "o instintivo é precisamente o inconsciente (o espontâneo), ao qual os socialistas devem vir em ajuda; que os 'primeiros' meios de luta 'que se oferecem' serão sempre, na sociedade contemporânea, os meios de luta trade-unionistas e a 'primeira' ideologia, a burguesa (trade-unionista)"[36]. A alternativa tem de se pôr como tal: política burguesa ou política operária, ideologia burguesa ou ideologia operária, como pressuposto para a superação do sistema. "Há política e política"[37], conclui Lenin, isto é, a política trade-unionista consiste apenas em uma "política burguesa da classe operária"[38].

O fundamento teórico falso do "economicismo" é a forma mecânica de separar o político e o econômico, que os torna prisioneiros de uma política já implícita na consideração isolada das trocas econômicas: a política trade-unionista. Embora em sentido inverso, o chamado "terrorismo" coincide, na crítica leninista, com esses mesmos pressupostos "economistas", pela tentativa de situar-se no político como campo autônomo, e não como síntese das contradições originadas nas relações capital/trabalho. Se, para o "economicismo", "o político segue sempre docilmente o econômico"[39], o terrorista concebe o político abstratamente, como uma intervenção *externa* à luta de classes cotidiana. Sua base teórica comum é a justaposição do econômico e do político.

Essa operação não se distingue teoricamente da que constitui o esquema Estado/sociedade civil; ambas laboram na mesma incompreensão das relações que os diferentes níveis da estrutura capitalista mantêm entre si. Tanto quanto a separação Estado/sociedade civil, a distinção economia/política que sustenta o "economicismo" e o "terrorismo" tem de conceber a classe operária isoladamente, como "fonte das riquezas do capitalismo", cujo modelo é o "homo economicus", sem fazê-la acompanhar das outras determinações aí implícitas. A superação da oposição Estado/sociedade civil torna-se requisito para a elaboração, por Lenin, de uma tática política que coloque todo o sistema em jogo, porque ela se impregna ainda da ideologia

[35] Ibidem, p. 27.

[36] Ibidem, p. 35.

[37] Ibidem, p. 28.

[38] Ibidem, p. 78.

[39] Ibidem, p. 29.

empirista que, ao *constatar* essa separação, automaticamente a *sanciona*. A oposição Estado/sociedade civil, ao não distinguir as formas particulares de propriedade dos meios de produção no interior de cada modo de produção, não se capacita a fazer uma tipologia das classes sociais específica a cada formação social. As variações entre as formas de remuneração feudais – da meia, da terça do cambão etc. – e capitalistas – do salário – escondem-se diante de tal nível de abstração, impossibilitando qualquer projeto de estratégia e de tática políticas concretas.

Ao se ver às voltas com essas necessidades, Lenin teve de enfrentar as extensões da manutenção dentro dos limites do modelo de pensamento clássico, em relação ao qual o marxismo instaurara sua novidade radical em política. Se "há política e política", essa limitação já se faz presente na própria forma de encarar a luta econômica. Sua consideração isolada obriga a desembocar na unificação social organizada pelas relações de mercado, e que tem no Estado seu núcleo formalizador, agente que é da totalização social burguesa. Para a classe operária, é necessário outro polo de aglutinação, outra força de organização social que seja o suporte do "duplo poder", pregado por Lenin. Esse centro, indispensável para o leninismo, é o Partido, que através da luta ideológica e política constitui a classe como tal, isto é, não apenas em termos de seus interesses globais, mas como foco catalisador da totalização social em curso no processo de substituição do capitalismo. Daí retira seu sentido maior o princípio básico do pensamento de Lenin, conforme o qual "não se pode separar mecanicamente as questões políticas das questões de organização", e daí o papel insubstituível do Partido, como polo antagônico ao Estado burguês. Este como "um comitê para gerir os negócios comuns de toda a classe burguesa"; aquele, como instrumento que possibilita a constituição "do proletariado organizado como classe dominante"[40], rumo à realização do Estado, vale dizer, ao seu desaparecimento.

---

[40] Karl Marx e Friedrich Engels, *Manifesto Comunista* (São Paulo, Boitempo, 1998), p. 58.

Publicado em maio de 2014, duzentos anos após o lançamento dos *Manuscritos econômico-filosóficos* de Karl Marx e o início da sua amizade e colaboração intelectual com Friedrich Engels, este livro foi composto em Adobe Garamond Pro, corpo 11/14,3, e reimpresso em papel Avena 80 g/m² pela Intergraf para a Boitempo, com tiragem de 1.500 exemplares.